IMOBILISMO EM MOVIMENTO

A marca FSC® é a garantia de que a madeira utilizada na fabricação do papel deste livro provém de florestas que foram gerenciadas de maneira ambientalmente correta, socialmente justa e economicamente viável, além de outras fontes de origem controlada.

MARCOS NOBRE

Imobilismo em movimento

Da abertura democrática ao governo Dilma

COMPANHIA DAS LETRAS

Copyright © 2013 by Marcos Nobre

Grafia atualizada segundo o Acordo Ortográfico da Língua Portuguesa de 1990, que entrou em vigor no Brasil em 2009.

Capa
Elisa von Randow

Imagem de capa
Painel de azulejos, 1968, de Athos Bulcão, azulejos, 259 x 352cm. Anexo I do Ministério das Relações Exteriores. Reprodução de Edgard Cesar.

Preparação
Isabel Jorge Cury

Índice remissivo
Luciano Marchiori

Revisão
Ana Maria Barbosa
Adriana Cristina Bairrada

Dados Internacionais de Catalogação na Publicação (CIP)
(Câmara Brasileira do Livro, SP, Brasil)

Nobre, Marcos
Imobilismo em movimento : Da abertura democrática ao governo Dilma / Marcos Nobre. — 1ª ed. — São Paulo : Companhia das Letras, 2013.

ISBN 978-85-7406-608-0

1. Brasil — Política e governo 2. Partidos políticos — Brasil 3. Política — História I. Título.

13-09443   CDD-320.981

Índice para catálogo sistemático:
1. Brasil : História política 320.981

[2013]
Todos os direitos desta edição reservados à
EDITORA SCHWARCZ S.A.
Rua Bandeira Paulista, 702, cj. 32
04532-002 — São Paulo — SP
Telefone: (11) 3707-3500
Fax: (11) 3707-3501
www.companhiadasletras.com.br
www.blogdacompanhia.com.br

Sumário

Abertura 7
Desigualdades e pemedebismo na nova modernização
brasileira 9

1. Do declínio do nacional-desenvolvimentismo à
   estabilização: 1979-94 27

2. A desigualdade no centro da disputa: o sistema político
   polarizado dos anos FHC 65
   O primeiro mandato (1995-8) 69
   O segundo mandato (1999-2002) 89

3. O social-desenvolvimentismo e o fim da polarização:
   de Lula a Dilma 101
   A primeira fase (2003-5) 104
   Do mensalão ao final do segundo mandato (2006-10) 116
   O "governo de ajuste" de Dilma Rousseff: algumas pistas .. 135

Considerações finais, perspectivas: as Revoltas de Junho e
tendências do novo modelo de sociedade 142

Agradecimentos 159
Cronologia 162
Breve bibliografia de referência 169
Anexo — "Pemedebismo" e "lulismo":
um debate com André Singer 172
Notas 190
Índice remissivo 196

Abertura

Este livro terminava de ser escrito quando eclodiram as Revoltas de Junho de 2013. A redação final foi adiada e passei a me dedicar a escrever um breve livro eletrônico de intervenção, lançado no final do mesmo mês de junho, *Choque de democracia. Razões da revolta*.

É uma experiência comum reler um livro e encontrar nele significados que não tinham surgido quando da primeira leitura. Sinal de que mudamos entre as duas leituras, sinal de que o mundo mudou nesse intervalo e de que nossa atenção nos permite acompanhar essa mudança e descobrir sentidos antes encobertos. Mas é muito especial e mesmo extraordinário passar por uma experiência como essa no momento de terminar de escrever um livro, em um período de duas, três semanas.

As Revoltas de Junho conferiram ao que eu já tinha escrito até então uma vitalidade e um sentido que passa longe do trivial e do normal. Abriram novos horizontes, perspectivas de ação e de reflexão até então adormecidos. E, pela primeira vez em vinte anos, romperam a blindagem do sistema político contra a sociedade.

Às Revoltas, à tentativa de entendê-las e de levar adiante seu legado democrático, dedico este livro.

julho de 2013

Desigualdades e pemedebismo na nova modernização brasileira

Com a passagem do governo FHC para o governo Lula, deu-se a primeira alternância de poder não traumática da redemocratização brasileira. O sistema de votação — a urna eletrônica — conta com a confiança do eleitorado. Os três Poderes, com todas as suas mazelas e deficiências, com suas escaramuças e cotoveladas, bem ou mal, funcionam. Formalmente, pelo menos, a redemocratização parece assim encerrada. Parece possível dizer que o país vive uma normalidade democrática.

E, no entanto, essas formalidades cumpridas, por importantes que sejam, não correspondem a uma vida política substantivamente democratizada. A democracia no país, tudo somado, é ainda muito pouco democrática de fato. Porque democracia não é apenas funcionamento de instituições políticas formais, não é apenas um sistema político regido formalmente por regras democráticas. Democracia é uma forma de vida que se cristaliza em uma cultura política pluralista, organizando o próprio cotidiano das relações entre as pessoas.

O país é grande, rico, extremamente desigual, com uma cultura política de baixo teor democrático. E as perguntas que assombram nesse caso não podem ser outras senão: o que pode explicar desigualdades tão persistentes? O que pode explicar um bloqueio duradouro à ampla participação e discussão democráticas? Como o sistema político consegue manter sob controle os conflitos de uma sociedade assim desigual? À sua maneira e nos seus limites, este livro pretende contribuir para a construção de respostas a essas perguntas cruciais. Pretende narrar os pouco mais de trinta anos de história política que vão do último governo da ditadura militar, o do general João Baptista Figueiredo (1979-85), até a eleição de Dilma Rousseff, em 2010.

Com o declínio da ditadura militar, em ambiente de redemocratização, a abismal desigualdade brasileira se tornou insustentável. Uma lógica diferente de distribuição de renda, de poder, de recursos naturais e de reconhecimento social se configurou e se estabeleceu pouco a pouco a partir da década de 1980. Configurou-se um novo modelo de sociedade, internamente vinculado à democracia. Ainda que reprimida por décadas de ditadura e por uma cultura política autoritária, a população pobre e miserável não deixaria de usar o poder de sua mobilização e de seu voto para combater desigualdades de todos os tipos. Por outro lado, do ponto de vista da elite no poder, passou a ser essencial pelo menos o controle da velocidade e da amplitude de diminuição das desigualdades, especialmente, em um primeiro momento, das desigualdades de renda e de poder. Uma maneira, enfim, de controlar o passo de implantação do novo modelo de sociedade que nascia com a redemocratização.

Uma das teses centrais deste livro é a de que um dos mecanismos fundamentais desse controle está em uma cultura política que se estabeleceu nos anos 1980 e que, mesmo se modificando ao longo do tempo, estruturou e blindou o sistema político contra as forças sociais de transformação. Seu embrião foi a unidade forçada contra a ditadura militar (1964-85), que enformou o processo de redemocratização. Na primeira metade dos anos 1980, essa unidade forçada veio sob a forma de uma união de todas as forças "progressistas" para derrotar o autoritarismo, que se impôs então como sendo indispensável.

Com exceção do PT, todos os partidos participaram da eleição indireta de janeiro de 1985, no chamado Colégio Eleitoral, controlado pelas forças da ditadura. Tancredo Neves foi eleito presidente. Morto em abril do mesmo ano sem ter sido empossado, deixou no cargo o seu vice, José Sarney, quadro histórico de sustentação da ditadura militar, indicado pelo PFL (em 2007, a sigla mudou o nome para DEM), que se filiou ao PMDB por razões meramente formais da legislação. Mesmo com Sarney na presidência, o "progressismo" continuou a representar a ideologia oficial de uma transição morna para a democracia, controlada pelo regime ditatorial em crise e pactuada de cima por um sistema político elitista.

A primeira crise enfrentada por essa blindagem se deu durante a Constituinte (março de 1987 a outubro de 1988), quando essa unidade forçada deu de cara com movimentos e organizações sociais, sindicatos e manifestações populares que não cabiam nos canais estreitos da abertura política. Sob o comando do chamado Centrão, bloco suprapartidário que contava com maioria de parlamentares do PMDB, o sistema político encontrou uma maneira de neutralizá-los, apostando na ausência de uma pauta unificada e de um partido (ou frente de partidos) que canalizasse as aspirações mudancistas. Nasceu aí a primeira figura da blindagem do sistema político contra a sociedade, a que dou o nome de pemedebismo, em lembrança do partido que capitaneou a transição para a democracia.

O progressismo também prevaleceu no impeachment de Collor, em 1992. Mas o período pós-impeachment deu origem a uma segunda figura do pemedebismo, que deixou para trás a ideologia unificadora da união das forças progressistas. A resposta do sistema político ao processo de impeachment não foi uma reforma radical que o abrisse para a sociedade. Pelo contrário. Fincou-se como verdade indiscutível que Collor tinha caído porque não dispunha de apoio político suficiente no Congresso, porque lhe teria faltado "governabilidade". Surgiu nesse momento a exigência, a partir de então inquestionável, de que esmagadoras maiorias suprapartidárias, segundo o modelo do Centrão da Constituinte, seriam indispensáveis não apenas para bloquear movimentos como o do impeachment, mas para que fosse possível governar.

Foi assim que o sistema se preservou sem mudar, fortalecendo sua lógica de travamento de grandes transformações, reprimindo as diferenças sob uma nova unidade forçada. Foi assim que a partir de 1993 foi sendo construído o "acordo da governabilidade", segunda figura da blindagem do sistema político contra a sociedade, segunda figura do pemedebismo.

Após o impeachment, os canais de expressão das forças de oposição ao pemedebismo se estreitaram. A força das ruas que derrubou Collor foi substituída pouco a pouco pelo clamor da "opinião pública". E a opinião pública foi substituída pela opinião da grande mídia. Para obrigar o sistema a mudar, pouco que fosse, era necessário produzir campanhas intensivas de denúncias vocalizadas pela grande mídia. Até o final do mandato de Itamar Franco, em 1994, as ferramentas de blindagem foram sendo produzidas, testadas e aperfeiçoadas. Seu desenvolvimento se deu ao longo dos dois mandatos consecutivos de FHC (1995-2002).

Apesar de o PT ter se mantido durante mais de uma década como representante por excelência do antipemedebismo, o mesmo figurino se repetiu no período Lula, após o escândalo do mensalão, em 2005. Vendo-se acossado pelo fantasma do impeachment, o governo Lula aderiu à ideia pemedebista de construção de supermaiorias parlamentares. Depois do mensalão, no restante do período Lula, completou-se o desenvolvimento das ferramentas de blindagem pemedebistas, cujo uso continuou de maneira ainda mais ostensiva sob a presidência de Dilma Rousseff, a partir de 2011.

O clamor da opinião pública já não conseguia provocar sequer arranhões nessa blindagem do sistema político. Cada vez mais questionada, a própria mídia deixou de desempenhar o papel de canalizar a insatisfação. Parecia que o país tinha se conformado com um sistema político fechado em si mesmo, impotente diante do fechamento dos canais de protesto capazes de furar o bloqueio. Até que veio junho de 2013, com sua rejeição incondicional do pemedebismo, traço comum à diversidade das Revoltas.[1]

Uma das tarefas deste livro será tentar mostrar como se deu a construção dessa cultura política estruturante da redemocratização brasileira, o pemedebismo. Não se trata de restringir essa cultura política à prática de um único partido. Denominar assim a cultura política dominante deve-se ao fato de seu modelo ter sido primeiramente gestado no período em que o PMDB teve posição de dominância, na década de 1980. Depois disso, a partir da década de 1990, já refuncionalizado, o pemedebismo se destacou do partido em que foi gestado inicialmente, passando a moldar o sistema político de maneira mais ampla.

Mas, seria possível perguntar, o pemedebismo não seria simplesmente uma descrição da política como ela é, tal como efetivamente praticada mundo afora? Não seria a política pemedebista por toda parte? Não parece fácil encontrar contrapartidas exatas do pemedebismo em outros lugares, ainda que se possam talvez fazer aproximações. É fato que o período que se convencionou chamar de neoliberal e que teve seu auge na década de 1990 provocou uma aglutinação mundial de forças políticas majoritárias em torno de um novo centro político, carregado de receitas e prescrições ideológicas próprias da cartilha da globalização. E esse novo centro estreitou o horizonte das discussões e das alternativas de ação, como ficou gravado no bordão atribuído à primeira-ministra inglesa Margaret Thatcher ao caracterizar sua própria política neoliberal: "Não há alternativa". Mas, ao mesmo tempo, esse fenômeno mundial não se dá da mesma forma em toda parte.

Para encontrar contrapartidas do pemedebismo em outros sistemas políticos, seria preciso ver reunidos pelo menos cinco elementos fundamentais: o governismo (estar sempre no governo, seja qual for ele e seja qual for o partido a que se pertença); a produção de supermaiorias legislativas, que se expressam na formação de um enorme bloco de apoio parlamentar ao governo que, pelo menos formalmente, deve garantir a "governabilidade"; funcionar segundo um sistema hierarquizado de vetos e de contorno de vetos; fazer todo o possível para impedir a entrada de novos membros, de maneira a tentar preservar e aumentar o espaço conquistado, mantendo pelo menos a correlação de forças existente; bloquear oponentes ainda nos bastidores, evitando em grau máximo o enfrentamento público e aberto (exceto em polarizações artificiais que possam render mais espaço no governo e/ou dividendo eleitoral). Encontrar contrapartidas exatas que contenham todos esses elementos simultaneamente não é tarefa óbvia.

Estabelecido o pemedebismo como uma cultura política peculiar, uma segunda pergunta que se poderia fazer aqui seria a seguinte: mas se o apoio político está, por assim dizer, à venda, e se os diferentes grupos lutam entre si pelo melhor acordo possível, por que, então, os governos simplesmente não negociam no varejo o apoio, quebrando os diferentes partidos e mesmo as bancadas suprapartidárias?

Isso só seria possível sem a lógica de formar enormes blocos no Congresso para "garantir a governabilidade". Quando governos tentam fazer acordos no varejo, encontram sempre a resistência dessa lógica de "Centrão", a exigência de aceitar primeiro o superbloco de apoio, o apoio a granel, por assim dizer, para, só então, estar autorizados a fazer acordos no varejo. É o sistema político enquanto tal que impõe a exigência de que, no limite, todas as forças políticas representadas no Congresso estejam no governo. Uma contraprova pode ser encontrada no episódio do mensalão, em 2005, que marca o final da tentativa da primeira fase do período Lula de negociar apoio no varejo político, sem antes estabelecer um acordo com um superbloco parlamentar.

A cultura política pemedebista impõe a supermaioria antes de dar início às disputas por espaço dentro do superbloco governista. A competição não se dá apenas entre partidos, nem somente dentro de cada partido, na luta por espaço dentro de uma máquina partidária específica, já estabelecida e em funcionamento. Ela se dá, antes de tudo, no interior do próprio superbloco pemedebista. E isso inclui diferentes constelações de grupos, que se aliam ou não conforme seus interesses de veto ou de chantagem ao governo.

Partidos são configurações precárias e instáveis de correlações de forças no interior do pemedebismo. Não é de estranhar, portanto, a importância da formação de bancadas suprapartidárias no Congresso Nacional: bancada da bola, da bala, ruralista, evangélica, religiosa etc. Conquistar espaço no pemedebismo não significa apenas conquistar um quinhão do Estado no qual seja possível reproduzir uma máquina política, seja de um partido, seja de um grupo político. Significa também conquistar direito de *veto* a iniciativas potencialmente prejudiciais à cota de que se dispõe como sócio do condomínio. (Insisto na expressão "condomínio pemedebista" porque penso ser mais adequada para descrever o sistema político do que a habitualmente utilizada, o "presidencialismo de coalizão", que pode dar a entender que se trata de um sistema com uma cultura política muito mais efetivamente democrática do que a que se tem de fato.)

Da mesma maneira como o governismo está internamente ligado à formação do superbloco, também as demais marcas características do pemedebismo são mal-entendidas quando isoladas do conjunto. Seria possível dar muitos exemplos da estrutura de vetos pemedebista, mas me limito a um. No início do governo Dilma Rousseff, o Ministério da Educação vinha preparando material pedagógico de combate à discriminação e à violência contra homossexuais, travestis e transgêneros, conhecido como kit anti-homofobia. No mesmo momento, em maio de 2011, o ministro da Casa Civil, Antonio Palocci, estava enfrentando acusações públicas de evolução irregular de seu patrimônio durante o exercício do mandato de deputado federal, entre 2007 e 2010, vinculadas à compra de um apartamento de luxo em bairro nobre da cidade de São Paulo. A bancada religiosa no Congresso (composta de representantes de quase todos os partidos) imediatamente rebatizou pejorativamente o material de "kit gay" e ameaçou convocar Palocci para explicar a evolução de seu patrimônio. Ameaçou ainda obstruir a pauta da Câmara e criar uma Comissão Parlamentar de Inquérito (CPI) para investigar a contratação pelo ministério da ONG que elaborou a cartilha. A presidente determinou que fosse suspensa a distribuição do material. E o partido líder do condomínio pemedebista, o PT, abriu mão naquele momento de uma bandeira histórica de seu programa político.

E, no entanto, apesar de numerosos nas disputas políticas de bastidores, são poucos os casos de vetos que chegam à luz da discussão pública. Na lógica pemedebista, a grande maioria dos casos de veto permanece na sombra dos gabinetes. É dessa maneira que a cultura política pemedebista se constitui em um complexo sistema de travas à mudança. E a produção de mudanças depende da capacidade não de enfrentar diretamente os vetos, mas pelo menos de contorná-los. Exemplo de contorno de vetos foi o reconhecimento da união estável homoafetiva para fins tributários por meio de uma resolução de um órgão do Executivo, a Receita Federal, ocorrido em 2010, confirmado posteriormente, em maio de 2011, pelo Judiciário, por julgamento do Supremo Tribunal Federal (STF).

Olhando as datas em retrospectiva, vê-se que a reação da bancada religiosa ao kit anti-homofobia foi também reação a um movimento que vinha do Executivo e do Judiciário para legalizar uniões homoafetivas, contornando os vetos presentes no Legislativo, em que as propostas de lei nesse sentido tinham fracassado. O reconhecimento da união estável homoafetiva levou casais homossexuais a reivindicar a conversão da união em casamento, tática de luta que se espalhou por vários estados. Em maio de 2013, o Conselho Nacional de Justiça decidiu que todos os cartórios do país estavam obrigados a habilitar pessoas do mesmo sexo a se casarem, sem a necessidade nem mesmo de passar pelo reconhecimento prévio de uma união estável.

É comum ouvir que movimentos de contorno de veto como esses representariam uma "judicialização da política" ou o exercício de um "ativismo judicial". Como se o Judiciário estivesse indo além do que seria o seu domínio próprio, invadindo competências que pertenceriam ao Legislativo e mesmo ao Executivo. Nessa visão, o Judiciário teria já uma espécie de espaço predeterminado de atuação, fixo, imóvel e imutável, estabelecido sabe-se lá por que mente iluminada, que sabe de antemão como as coisas devem ser, independentemente das disputas políticas concretas. De acordo com essa visão privilegiada, o Judiciário brasileiro seria, no final das contas, algo como uma porta dos fundos do sistema político.

Quando se afasta uma visão redutora como essa, o Judiciário passa a ser entendido como integrante pleno do sistema político, tanto quanto o Legislativo ou o Executivo, com a especificidade que lhe é própria, mas ele também atuando segundo a lógica pemedebista que domina o sistema. É mais um espaço em que são lançadas iniciativas, esperando que elas sejam capazes de contornar vetos. Com o recurso também à figura tão cambiante, mas por vezes decisiva, da opinião pública. Dependendo das circunstâncias, do grau de organização dos grupos de veto e de sua capacidade efetiva de exercê-lo, decide-se pela concentração de esforços na continuidade da ação ou pelo recuo. A maioria esmagadora dos balões de ensaio não prospera. Nem chega a ver a luz do debate público mais amplo. É claro que coisa muito diferente seria observar em operação um Judiciário que não estivesse submetido à lógica pemedebista mais ampla do sistema político. Mas não é o que se deu na longa redemocratização brasileira.

Se se quiser um exemplo de sucesso no contorno de vetos no âmbito do Executivo, a figura de Lula é emblemática. Sua capacidade de operar com sucesso no ambiente pemedebista ficou evidenciada em algumas das iniciativas que se tornaram marcas de seu governo: a política de aumentos reais do salário-mínimo, a do Programa Bolsa Família, ou da expansão do acesso ao crédito. Benefícios contra os quais ninguém se opôs publicamente, ou seja, que não encontraram vetos e que só por isso prosperaram no começo. Foram iniciativas que não dependeram de complexas negociações partidárias.

Lula é emblema da representação política para estratos sociais historicamente marginalizados da representação também porque, em boa medida, conseguiu traduzir nos termos do pemedebismo avanços sociais aguardados havia muito tempo. Soube garantir, por palavras e atos, que a parcela historicamente marginalizada tinha passado a fazer parte do condomínio pemedebista, tinha ganhado direito a *veto*. Pouco a pouco, com a consolidação das instituições democráticas e de avanços sociais concretos, esse veto pôde se expressar também sob a forma do voto: favorecendo candidaturas que impeçam o bloqueio ou o recuo no projeto de diminuição da pobreza e das desigualdades. Em outras palavras, estratos historicamente marginalizados foram pela primeira vez efetivamente "incluídos" — no sentido peculiar que tem a inclusão em uma cultura política de fundo caracterizada pelo pemedebismo.

Não se trata de uma inclusão na qual quem antes estava à margem passa a exercer cidadania plena, conquistando enfim direitos sociais e reconhecimento social de tratamento igual, como iguais integrantes do espaço público. Como também não se trata de dizer, ao contrário, que não aconteceu inclusão alguma. Em um sistema político dominado pelo pemedebismo, é enganoso utilizar a linguagem da inclusão cidadã sem a devida qualificação, sem mostrar as formas específicas de subordinação e de hierarquização que daí se seguem. Cidadania significa nesse caso ser a favor de generalidades abstratas e sem consequências práticas efetivas (como "saúde, educação, emprego, segurança e moradia para todos") e ser muito concretamente contra mudanças específicas em relação a padrões de distribuição — de poder, de renda, de reconhecimento social.

A história de todo esse complexo arranjo social começou com a modernização acelerada e profundamente desigual ocorrida durante a ditadura militar, que transformou radicalmente o país, ao mesmo tempo que impediu que os múltiplos e variados resultados sociais dessa transformação encontrassem expressão política pública, democrática, que pudessem se organizar de maneira menos fragmentária do que sob o guarda-chuva da oposição ao regime.

Modernizar aceleradamente um país das proporções e com as desigualdades do Brasil sob uma ditadura significou não apenas impedir o confronto aberto e democraticamente regrado de suas gigantescas diferenças. Cristalizou também uma forma conservadora de lidar com as diferenças e desigualdades, mesmo depois do fim da ditadura, mesmo já em ambiente democrático. Este livro se ocupa de contar essa história.

Este livro está dividido em três períodos. O primeiro, de 1979 a 1994, é o período em que ocorrem a criação e a consolidação do pemedebismo como marca característica conservadora do sistema político. Em seguida, narra-se o período que vai de 1994 a 2002, do Plano Real até o final do segundo mandato de FHC, em que esse conservadorismo é remodelado para aceitar uma transformação mais profunda do que a lógica pemedebista normalmente suportaria, uma acomodação em que um sistema em dois polos é constituído. E, por fim, o período de 2003 a 2010, que compreende os dois mandatos de Lula e a eleição de Dilma Rousseff à presidência, e em que, ao longo do segundo mandato de Lula, desaparece o sistema em dois polos, restando apenas o pemedebismo e seu condutor único, o PT.

Cada um dos períodos é, por sua vez, subdividido segundo suas próprias lógicas de desenvolvimento, com exceção da primeira fase, até 1994, que é analisada em bloco (mesmo se são considerados os seus sucessivos governos, desde o último da ditadura militar até o governo Itamar Franco, passando pelas presidências de José Sarney e de Fernando Collor de Mello). O período FHC se divide em seus dois mandatos presidenciais, já que a aguda desvalorização do real, que marca uma nova etapa, ocorreu em janeiro de 1999, logo no início do segundo mandato. O período Lula-Dilma foi dividido em duas grandes fases: do início do primeiro mandato de Lula, em 2003, até o episódio do mensalão, em 2005; e do mensalão até o final do segundo mandato, em 2010 (sendo que, do ponto de vista da política econômica, essa segunda fase tem dois momentos distintos: antes e depois da eclosão da crise econômica mundial, em 2008). Correspondentemente, será mostrado como a cultura política de fundo que estrutura as disputas vai se transformando em cada um desses períodos. Se não se trata de confundir o pemedebismo com o partido que lhe deu origem, é fato que o PMDB é o fio condutor mais adequado para contar o processo de transformações por que passou a cultura política pemedebista entre as décadas de 1980 e 2010.

Restringir a narrativa apenas aos partidos líderes, aos polos do sistema político (pelo menos até o primeiro mandato de Lula), PT e PSDB, significa também aceitar a ilusão analítica típica da narrativa política: a de que se entende a sucessão de eventos, governos e decisões olhando apenas para os condutores do bloco no poder. Nessa ilusão, a política fica reduzida ao sistema político, à política institucional, à política partidária e à relação formal entre os poderes Executivo, Legislativo e Judiciário. E, como bem demonstraram as Revoltas de Junho de 2013, política e democracia são muito mais amplas e profundas do que isso.[2]

Não se pretende aqui de modo algum reduzir a política ao sistema político, à política institucional, oficial, governamental, partidária, de Estado. Democracia não deve ser entendida de maneira limitada, simplesmente em termos de um regime político, ligado a uma forma e sistema de governo determinados. Democracia é uma forma de vida, uma moldura sempre móvel e flexível em que se encontram padrões de convivência e interação com que moldamos o cotidiano. Também por isso, a democracia só pode se sustentar nos termos de uma cultura política flexível o suficiente para suportar questionamentos radicais, não se fixando em um conjunto determinado de valores imposto à sociedade como um todo. Uma cultura política democrática tem de estar em constante aprofundamento e difusão pelo conjunto da vida social.

Política envolve esferas públicas formais e informais de discussão, padrões de reconhecimento social, possibilidades concretas de desenvolvimento de projetos de vida pessoais e coletivos. A política está no cotidiano da vida social em suas muitas dimensões. A mesma observação vale, aliás, para o sistema econômico. Tanto o sistema político como o econômico devem ser entendidos aqui como *expressões limitadas* de processos mais profundos que ocorrem naquela esfera usualmente chamada de sociedade.

A maneira como este livro pretende ao menos mitigar a ilusão analítica de centrar a narrativa apenas nos sistemas político e econômico é justamente tomá-los como expressões, mesmo que limitadas, de processos sociais mais profundos. Isso se dá aqui por meio das ideias mais amplas de "modelo de sociedade" e de "cultura política". Modelo de sociedade, cultura política são formas enraizadas na vida social, nas instituições políticas formais, na economia, no cotidiano. São noções que balizam visões de mundo, que legitimam a maneira como se distribuem riqueza, poder, recursos ambientais, reconhecimento social. Um modelo de sociedade não é apenas um programa econômico nem somente uma maneira determinada de entender a política, mas um padrão de regulação social mais amplo. E essa maneira abrangente de regular a vida social se expressa em uma cultura política determinada.

Mostrar, por exemplo, o descompasso entre uma cultura política pemedebista que domina o sistema político e um novo modelo de sociedade que exige uma nova cultura política — que já se instalou, mas ainda não se aprofundou — significa apontar para transformações de grande alcance, que foram assimiladas apenas parcialmente tanto pelo sistema político como pelo sistema econômico. A unidade do período pós-Real em relação ao período anterior está em que suas duas grandes fases — a do governo de FHC, de um lado, e a de Lula e de Dilma, de outro —

tiveram por objetivo *dirigir* o pemedebismo, e não reformar radicalmente o sistema político. É nesses termos que enunciam seus diferentes projetos.

Ao mesmo tempo, colocando a inflação sob controle, o período FHC fez com que, finalmente, a desigualdade abissal do país fosse explícita e diretamente para o centro do debate e da disputa política. Ao colocar como elemento central e explícito de seu governo a diminuição das desigualdades, o período Lula acabou por consolidar um novo modelo de sociedade. A partir daí, o que passou a estar em causa foi o aprofundamento ou não desse modelo, bem como a velocidade em que esse processo pode se dar.

Apesar de todas as travas e barreiras erguidas pelo pemedebismo contra uma mudança no modelo de sociedade, a longa redemocratização brasileira foi aos poucos criando e consolidando um novo modelo desse tipo, chamado neste livro social-desenvolvimentismo, dotado de uma cultura política que permeia a vida social muito além do pemedebismo. É a história desse "imobilismo em movimento" que se trata de contar aqui.

De forma inédita, firmou-se um modelo de sociedade ligado internamente à democracia. Segundo o novo modelo de sociedade, "social" quer dizer democrático, tanto no sentido de um regime de governo como no sentido mais profundo do combate às diversas formas de desigualdade, de não impor ao conjunto de cidadãos, aos muitos povos que habitam o território (os indígenas, essencialmente) um modelo determinado de levar a própria vida como obrigatório e inescapável. O social-desenvolvimentismo não aceita como inevitáveis para o desenvolvimento do país padrões de desigualdade indecentes, medidos por qualquer padrão disponível. Como também não aceita que desenvolvimento econômico signifique devastação ambiental ou um sistema político estruturalmente corrupto.

Segundo o novo modelo, só é desenvolvimento autêntico aquele que é politicamente disputado segundo o padrão e o metro do social, quer dizer, aquele em que a questão distributiva, em que as desigualdades — de renda, de poder, de recursos ambientais, de reconhecimento social — passam para o centro da arena política como o ponto de disputa fundamental. À sua maneira peculiar e ziguezagueante, em uma interpretação coletiva penosamente construída, foi essa a concretização de uma imagem de sociedade presente no texto da Constituição Federal de 1988. Esse modelo de sociedade não pertence, portanto, a um único governo ou partido, mas é um projeto coletivo, gestado durante a longa transição para a democracia.

O pemedebismo, a cultura política de fundo contra a qual foi moldado a duras penas o novo modelo de sociedade, obstrui e bloqueia o seu pleno desenvolvimento. O surgimento e a consolidação do social-desenvolvimentismo se deram *apesar* de uma cultura política pemedebista. Na nova modernização social-desenvolvimentista, há um descompasso entre o modelo de sociedade que se consolidou e a cultura política que ainda domina o sistema político, que não o expressa em toda a sua amplitude e novidade, marcada que ainda está pelo pemedebismo da longa transição brasileira para a democracia.

Este livro se põe entre a penosa construção do projeto social-desenvolvimentista e seu rebaixamento, a cada vez, pela lógica bloqueadora do pemedebismo. Aceitar como dado que o passo que se verificou até aqui seja o único possível, tomar como inevitável que o feito até aqui seja o máximo que permite um suposto realismo político, essa é a ideologia que emperra o desenvolvimento do novo modelo de sociedade. E é essa ideologia que se trata de pôr a descoberto. Como o fizeram, nas ruas, as Revoltas de Junho de 2013.

Selecionei da multidão de processos e acontecimentos apenas aquilo que entendi ser o mais relevante para apresentar meu relato. A bibliografia de referência se pretende meramente indicativa. Também evitei o quanto possível interromper a narrativa com indicações bibliográficas detalhadas e notas extensas. Assinalei apenas publicações que foram importantes para algum aspecto central do argumento em determinados momentos do texto.

A base para a redação deste livro se encontra em análises realizadas principalmente depois de 1998, publicadas tanto em revistas acadêmicas como na internet e em jornais. Não cabe listar uma a uma todas essas publicações, mas é importante pelo menos um registro geral: uma colaboração semanal para o jornal *Folha de S.Paulo* (durante as eleições de 2006 e ainda entre 2007 e 2010), em que publiquei também artigos mais longos, no caderno Ilustríssima; uma colaboração regular para a revista eletrônica *Trópico* (entre 2004 e 2006); vários artigos publicados na revista do Cebrap, *Novos Estudos*, entre 1992 e 2012; textos e entrevistas para os jornais *Valor Econômico* (incluindo o caderno Eu&Fim de Semana) e *O Estado de S. Paulo* (no caderno Aliás); e dois ensaios mais longos publicados pela revista *piauí*. Por fim, mas não por último, o breve livro eletrônico de intervenção que produzi a convite da Companhia das Letras, *Choque de democracia. Razões da revolta*, lançado no final de junho de 2013. A todas essas instituições e publicações, agradeço, primeiramente, por terem acolhido as intervenções e ainda por terem permitido que pudessem ser utilizadas como base de apoio para a produção do texto apresentado aqui.

1. Do declínio do nacional-desenvolvimentismo à estabilização: 1979-94

Em ambiente inflacionário generalizado, como foi o caso do período de 1979 a 1994, ganhar é exceção bastante rara. Para a esmagadora maioria, o objetivo primordial é perder o menos possível. Perder menos margem lucro, menos receita financeira ou de aluguel, menos salário, do que os demais grupos. Na corrida de preços, grupos empresariais, bancos, agricultores, categorias de trabalhadores fazem todo o possível para atingir antes a linha de chegada, que é a da menor perda possível. Quando o controle da inflação é precário, a linha de chegada nunca é atingida de fato. A corrida inflacionária é permanente.

O desempenho dos competidores nessa corrida depende de muitos fatores que não apenas os estritamente econômicos. Depende da capacidade de organização, articulação e agregação política e social que demonstram. Bases mais organizadas de trabalhadores conseguem fazer greves e pressionar o sistema político por medidas de proteção, como aumentos automáticos de salários quando a inflação ultrapassa determinado patamar. Empresas monopolistas, oligopolistas ou mesmo estratégicas do ponto de vista do desenvolvimento do país reúnem-se em associações formais e informais para pressionar o governo por financiamento barato, privilégios de mercado e outras formas de proteção. Bancos se adaptam à situação e tiram proveito dela de várias maneiras.

Essas muitas disputas inflacionárias ficaram particularmente acirradas com o declínio da ditadura militar de 1964 e o início da redemocratização. Durante toda a década de 1980, o dia de recebimento do salário era também o de fazer a compra do mês, dia de enorme tumulto nos supermercados. No dia seguinte, o mesmo salário já não conseguiria comprar as mesmas coisas. (Na Argentina, por exemplo, na mesma década de 1980, os preços chegaram a ser reajustados durante o dia, no meio de uma compra, por exemplo.) Quem tinha conta bancária e bom nível de renda tentava proteger-se com aplicações financeiras de rendimento diário, o então chamado overnight. Toda a dívida do próprio país era como que refinanciada integralmente a cada dia, a cada noite.

Uma sucessão de planos econômicos tentou sem sucesso controlar a inflação de maneira duradoura. Até que, em 1994, com o Plano Real, esse objetivo foi alcançado. Mesmo com os índices de inflação tendo permanecido altos, quando comparados com os de outros países, não houve desde então descontrole inflacionário. No quadro a seguir, fica nítida a diferença entre o período 1980-94, marcado pelo descontrole inflacionário — chegando até à hiperinflação, com taxas mensais acima de 50% ao mês, no final do governo Sarney —, e o período de estabilização econômica, a partir de 1994.

No período anterior a 1994, os momentos de queda abrupta das taxas de inflação correspondem aos diferentes planos de estabilização econômica: Cruzado (i e ii, fevereiro e novembro de 1986, respectivamente), Bresser (junho de 1987), Verão (janeiro

Inflação mensal
(variação percentual do IPCA), 1980-2013

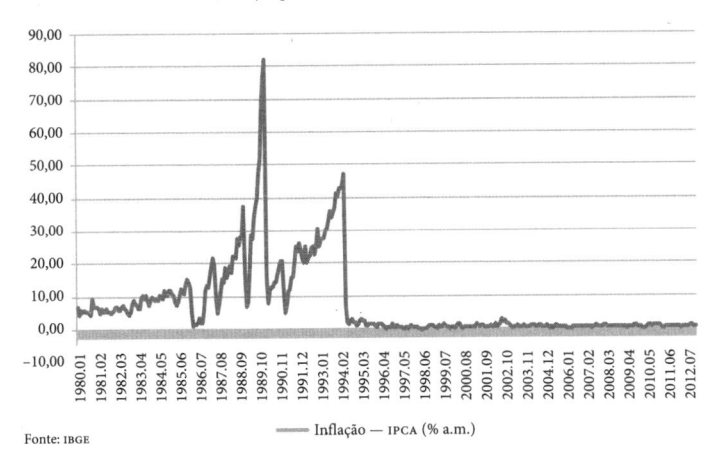

Fonte: IBGE

—— Inflação — IPCA (% a.m.)

de 1989), Collor (1 e 2, março de 1990 e janeiro de 1991, respectivamente). Meses após a decretação dos diferentes planos, a inflação já voltava a subir, ameaçando se tornar hiperinflação. Esse gráfico mostra mais do que as taxas mensais de inflação: mostra também que conseguir colocar a inflação sob controle foi, durante quinze anos, o problema central e primordial, tanto do ponto de vista político como do econômico.

O descontrole inflacionário era expressão de muitos elementos, simultaneamente. Mostrava a crise de um modelo de modernização que tinha sido adotado no país desde os anos 1930 e que expunha fraturas estruturais. Expressava disputas pela distribuição de poder, riqueza e reconhecimento social entre grupos sociais que tinham ficado reprimidas durante a ditadura militar e que passaram a ganhar a esfera pública. Por muito tempo a "desigualdade sustentável" brasileira se apoiou em um crescimento econômico que produziu melhora geral dos padrões de vida e em um controle repressivo dos movimentos de caráter democratizante. O descompasso flagrante entre a melhora geral dos padrões de vida e a melhora substancialmente superior do padrão de vida da elite do país foi sustentado durante muito tempo pela repressão política estatal direta. Mas não só. A repressão direta se apoiou também em uma cultura política autoritária que se disseminou por vários setores da sociedade.

O modelo de sociedade abrangente que se consolidou a partir dos anos 1930, conhecido como nacional-desenvolvimentismo, moldou a modernização acelerada do país até a década de 1980. Desencadeado e dirigido pelo Estado, pretendia alcançar não apenas a produção de um mercado interno de importância, mas também a criação de instituições adequadas à modernidade. A modernização deveria alcançar a cultura e a própria vida cotidiana, transformando também as relações pessoais e a esfera privada, segundo um conjunto determinado de valores modernos.[3]

Tratava-se de produzir uma cultura política centrada na emergência da nação autêntica, de uma integração social que se daria pelo pertencimento não apenas a um país, mas a uma história e a um conjunto de valores determinado, a ser partilhado por todos os membros. Valores que incluíam não somente o civismo e o nacionalismo, mas uma extensa lista de relações de subordinação, inferioridade e dependência da maior parte da população. Um conjunto de valores que, sintomaticamente, não incluía a democracia como um de seus componentes fundamentais. Pelo contrário, na maior parte do tempo em que esteve em vigência, o nacional-desenvolvimentismo coincidiu com ditaduras e/ou coronelismo e clientelismo. O que não impediu que o próprio projeto nacional-desenvolvimentista tenha tido versões — mais teóricas do que práticas, é bem verdade — democráticas e pluralistas, especialmente no período democrático de 1945 a 1964.

A ditadura militar deu continuidade, à sua maneira, ao nacional-desenvolvimentismo. A inflação funcionava como importante mecanismo de manutenção de desigualdades, tendo sido como que oficializada pelo golpe de 1964 por meio do instituto da correção monetária, que a incorporou aos contratos e aos preços de maneira geral como elemento permanente. Em uma economia fechada, a inflação se amoldou ao objetivo de promover rápido crescimento (e, com ele, uma melhora geral dos padrões de vida) sem alterar os padrões historicamente desiguais de distribuição de renda do país. Ao contrário dos mais ricos, os mais pobres não tinham como se proteger dos efeitos deletérios da inflação.

A meta fundamental era promover um desenvolvimento econômico o quanto possível autônomo, realizado sob forma de um projeto de industrialização capaz de criar um mercado interno de importância, de maneira a mitigar e eventualmente superar a condição de dependência de um país que, apesar de suas dimensões continentais, tinha uma economia fundada exclusivamente na exportação de bens primários, de recursos naturais que serviam de matéria-prima para a produção industrial de outros países. Uma das principais estratégias adotadas pelo nacional-desenvolvimentismo foi a chamada política de substituição de importações, em que as áreas consideradas estratégicas eram estimuladas e protegidas da competição de produtos importados por meio de barreiras tarifárias e generosos subsídios estatais.

Em termos econômicos, a opção que prevaleceu a maior parte do tempo foi entregar mercado interno em troca de capital externo, ou seja, facilitar a instalação no país de empresas transnacionais que trariam capital e teriam em troca acesso privilegiado ao mercado nacional. A preocupação inicial não era dar ao país capacidade efetiva de inovar, de produzir de forma autônoma novas tecnologias, mas criar localmente uma rede de produção que conseguisse acompanhar, mesmo que com atraso, as inovações que eram produzidas nos países mais avançados.

O diagnóstico era que o capital local era insuficiente para permitir uma estratégia de desenvolvimento contínuo e sustentado, sendo de fundamental importância conseguir financiamento externo. Não bastava, entretanto, obter capital por meio da instalação de transnacionais no país. Era necessário igualmente tomar empréstimos garantidos pelo Estado brasileiro, que se endividava para cumprir a tarefa de desenvolver aqueles elementos da cadeia de produção que não eram atrativos para empresas transnacionais: a indústria de base e a infraestrutura, essencialmente.

A continuidade dessa forma de modernização foi solapada, em sua faceta econômica, pela abrupta interrupção da entrada de capital externo no Brasil no final da década de 1970. Essa interrupção está ligada a eventos econômicos de relevância mundial. Em primeiro lugar, os dois "choques do petróleo", de 1973 e de 1979. Entre outubro de 1973 e janeiro de 1974, o preço do barril subiu de 2,90 para 11,75 dólares. Em 1979, o preço médio do barril vai a quarenta dólares, permanecendo nesse patamar até meados da década de 1980. Em segundo lugar, é nesse período que ocorre também o chamado choque Volcker, segundo o nome do diretor-presidente do Federal Reserve dos Estados Unidos, que elevou as taxas de juros de maneira abrupta e significativa (de uma média de 11,2% ao ano, em 1979, para até 20% ao ano, em junho de 1981).

Do lado político, a capacidade do regime militar de controlar e reprimir movimentos pró-redemocratização diminuiu paulatinamente ao longo da segunda metade da década de 1970. O crescimento exponencial do número de greves e manifestações pela redemocratização minou a ditadura também em suas bases políticas e sociais de sustentação. Da mesma forma, também nesse momento, perdeu em intensidade, no nível internacional, a Guerra Fria, que opunha os dois grandes blocos, liderados pelas então superpotências Estados Unidos e União Soviética.

O resultado do primeiro choque do petróleo, em 1973, foi o fortalecimento da Petrobras — que apenas mais de trinta anos depois viria a atingir patamares próximos da autossuficiência na produção. Também foram no mesmo sentido a decisão de construir usinas hidrelétricas de grande porte, como Itaipu, e o acordo nuclear Brasil-Alemanha, de 1975, que foi concretizado de maneira lenta e precária na usina nuclear de Angra dos Reis, cujos resultados estão bem longe de ser positivos. O projeto energético mais inovador foi lançado em 1975, quando da criação do Programa Nacional do Álcool (Pró-Álcool), de produção de álcool combustível a partir da cana-de-açúcar, cujo momento de maior sucesso ocorreu apenas nos anos 2000, quando os carros com motor flex passaram a dominar as vendas do mercado automobilístico.

Independentemente do caráter errático da política energética do país ao longo do tempo, o fato é que, em 1979, o país produzia pouco menos de 20% de seu consumo de combustíveis.[4] Já a partir de 1973, passou a ser crucial aumentar o valor das exportações e diversificar a pauta dos produtos exportados, de maneira a garantir um fluxo de dólares suficiente para fazer frente tanto aos custos da importação de combustíveis quanto à dívida externa. Esses dois elementos passaram a ser determinantes para o rumo da política econômica. Foi quando surgiram, por exemplo, medidas restritivas ao consumo interno de combustível, como o fechamento de postos aos sábados e domingos e a limitação de velocidade nas estradas.

A brutal elevação das taxas de juros pelo Federal Reserve americano na sequência do segundo choque do petróleo bloqueou toda e qualquer possibilidade de refinanciamento da dívida em dólares — não apenas para o Brasil, mas para a América Latina em seu conjunto. Os resultados foram recessão (em 1981, o PIB retraiu 4,25%), maxidesvalorizações da moeda, moratórias (ou recurso ao FMI), deterioração fiscal e altas e crescentes taxas de inflação. Em 1982, a dívida externa líquida do país estava no patamar de 69 milhões de dólares (contra 31 milhões em 1978), com exportações da ordem de 20 milhões de dólares (contra 12 milhões em 1978). Apesar desse enorme esforço exportador ("Exportar é o que importa", no slogan que consagrou o último governo militar, sob a liderança do então ministro do Planejamento, Delfim Netto), a trajetória de crescimento da dívida apontava para um estrangulamento da capacidade de financiamento do país.

Com o declínio da Guerra Fria e a consequente reorganização da correlação geopolítica de forças, a América Latina deixou de desempenhar papel central para assumir um lugar bastante secundário na agenda do país hegemônico na região: os Estados Unidos. Se, por um lado, isso veio de par com a absoluta novidade da fundação de um partido da nova esquerda, o PT — sem alinhamento fosse ao então chamado socialismo real, ao bloco soviético, fosse à social-democracia europeia —, por outro, foi também um momento em que o continente ficou à deriva, isolado, sem coesão interna e às voltas com problemas estruturais sem solução em horizonte visível.

Na sua versão ditatorial pós-1964, o nacional-desenvolvimentismo dependia de uma sucessão de governos autoritários que, a partir de 1979, tinha se tornado insustentável. Do lado econômico, o modelo dependia de um padrão tecnológico de produção relativamente estável, um padrão que pudesse ser importado, mesmo que em versões já obsoletas nos países centrais. E esse padrão tecnológico passava então por nada menos que uma revolução. O nacional-desenvolvimentismo do país refazia, com atraso, cada um dos passos que já tinham sido dados pelas nações mais desenvolvidas. Mas isso só era possível porque toda inovação tecnológica era apenas um acréscimo em relação a um modelo de produção que permanecia estável em suas bases fundamentais.

Tudo isso foi minado pela revolução da microeletrônica de fins da década de 1970. Tudo o que se conhece como informática ou tecnologia da informação significou uma mudança estrutural na base da produção. A partir desse momento, um avanço no desenvolvimento não era mais possível simplesmente mediante a importação do equipamento necessário para criar uma versão atrasada do padrão de produção dos países centrais. Mesmo para ficarem em atraso em relação a estes, os países em desenvolvimento tinham de realizar com seus próprios recursos nada menos que uma revolução no modelo de produção. E um salto como esse não parecia estar ao alcance desses países, especialmente aqueles muito endividados. Não havia recursos nem para importar em grande escala esses novíssimos produtos nem para financiar a reorganização da nova base produtiva. Muito menos para produzir rapidamente a necessária capacidade autônoma de inovação, que incluía, entre inúmeras outras coisas, um sistema educacional não apenas muito mais abrangente, mas de qualidade muitíssimo superior ao existente.

Boa parte dos países em desenvolvimento tinha perdido não mais "o bonde", mas já "o software" da história. No momento em que uma verdadeira revolução produtiva estava em marcha mundialmente, passar quinze anos em uma permanente crise da dívida condenou o país a um atraso considerável no seu desenvolvimento. Um dos sinais do fosso que separava a lógica nacional-desenvolvimentista das novas realidades econômicas mundiais foi a aprovação, no final de 1984, da chamada Lei de Informática. Resultado de um expressivo acordo suprapartidário — que incluiu mesmo setores militares de sustentação direta do período ditatorial —, a lei previa uma reserva de mercado, pelo período de oito anos, inicialmente, para empresas de capital nacional, de maneira a desenvolver a indústria microeletrônica no país. A lei foi o último grande suspiro da política de substituição de importações e contribuiu decisivamente para sacramentar um atraso tecnológico do país de pelo menos quinze anos em vários e diferentes setores da economia.

Entretanto, olhar o modelo apenas em sua faceta econômica não explica toda a história. Não apenas pela deficiência estrutural e histórica no campo da educação. Afinal, mesmo sendo flagrante e inegável, a escassez de recursos não foi o único fator que impediu a mudança. Porque o que estava em questão era nada menos que o abandono de todo um modelo de sociedade, partilhado até então tanto por defensores da ditadura como por seus opositores, sendo que estes pensavam ser possível manter o modelo, mas incorporando agora a democracia como um novo elemento de base.

A redemocratização liberou uma impressionante quantidade de novas e velhas demandas por serviços públicos, participação política e acesso ao fundo público, um amplo leque de movimentos e demandas sociais reprimidos pela ditadura, que surgiram também como resultado das transformações sociais e econômicas de grande magnitude ocorridas entre os anos 1960 e 1980. Essas múltiplas e diferentes reivindicações pressionaram o Estado, em todos os níveis, para aumentar substancialmente o nível de gastos. Essa coincidência de crise de financiamento externo, recessão e pressão social por aumento de gastos públicos fez com que um combate econômico ortodoxo à inflação (com política monetária restritiva e diminuição drástica do gasto público) não surgisse como opção, apesar de assim o exigirem os sucessivos acordos com o FMI celebrados — e nunca cumpridos — na década de 1980.

Depois de cinquenta anos de rápido crescimento econômico, a redemocratização trouxe pressões de peso por parte de estratos sociais historicamente marginalizados da disputa por fundos públicos. Sindicatos, movimentos por reforma agrária, saúde, moradia, iluminação pública, creches, acesso à justiça, transporte, toda uma miríade de demandas ocupou simultaneamente o espaço público em busca de ver atendidas suas reivindicações. Ao mesmo tempo, quebrou-se a aliança tácita no interior dos próprios estratos privilegiados, historicamente favorecidos pelo mecanismo de manutenção do arranjo de desigualdade, mas a partir dali também prejudicados pelo descontrole inflacionário, ainda que em muito menor medida na comparação com os demais estratos sociais.

O resultado foi a persistência de taxas de inflação elevadas, súmula de uma conjunção de elementos estruturais, locais, conjunturais, mundiais. A inflação já não podia desempenhar seu papel central no arranjo de desigualdade brasileiro. E a coincidência de declínio da ditadura militar, derrocada política, econômica e social do modelo nacional-desenvolvimentista e redemocratização fez com que a desigualdade perdesse paulatinamente suas bases de sustentação tradicionais. Primeiro, porque, de mecanismo de manutenção do arranjo de desigualdade, a inflação fora de controle passou a ameaçar a sobrevivência do próprio país.

O fracasso do primeiro plano de estabilização econômica, o paradigmático Plano Cruzado, de 1986, mostrou que as fraturas dos pilares históricos do arranjo nacional-desenvolvimentista eram já profundas demais para poder ser remediadas, que era o próprio modelo de sociedade em vigor durante cinco décadas que tinha se tornado insustentável. Traduzido em termos econômicos concretos, tornou-se cada vez mais claro que não era possível controlar a inflação sem controle do gasto público e sem centralização da política econômica e, subsidiariamente, sem alguma forma de abertura econômica, mesmo que também controlada.

Para se ter uma ideia da dificuldade de controlar o gasto público, é suficiente dizer que, até 1994, governos estaduais tinham relevantes instrumentos de política econômica, independentemente do governo central, com poder suficiente para bloquear qualquer possibilidade de política econômica coerente, homogênea, unificada e eficaz que permitisse sair do pântano nacional-desenvolvimentista. Do lado da abertura econômica, os tímidos ensaios tentados na década de 1980 — como a abertura para o investimento, por exemplo — foram feitos na margem e por políticas específicas de ministérios da área econômica. O impasse se configurou por completo já em fevereiro de 1987, com a declaração de moratória do pagamento da dívida externa, anunciada pelo então ministro da Fazenda, Dilson Funaro, substituído no cargo pouco tempo depois, em maio do mesmo ano, por Luiz Carlos Bresser Pereira.

Foi um crescimento econômico movido a inflação (com todos os problemas que a acompanham) que permitiu que reivindicações sociais vindas com a redemocratização fossem em alguma medida atendidas. A inflação foi fiadora de uma redemocratização morna e lenta nos anos 1980, representando o adiamento da solução de problemas estruturais ao mesmo tempo que permitia um acesso — altamente seletivo e restritivo, é certo — de novos grupos sociais à esfera política e à disputa pelo fundo público. O que, não por último, mostra que, apesar da derrocada econômica, os militares — e a elite diretamente beneficiada pela ditadura, de maneira mais geral — conseguiram manter um relativo controle do ritmo da transição.[5]

A coincidência histórica de altas taxas de inflação, redemocratização e crise do modelo de desenvolvimento nacional-desenvolvimentista moldou um sistema político caracterizado pela fragmentação política, que não é, em princípio, um mal em si. Governos relativamente homogêneos e estáveis se sustentam em sistemas partidários fragmentados. É mais difícil, entretanto, que isso ocorra em um sistema não apenas fragmentado, mas fragmentário, como é o caso brasileiro. Com a agravante de que a fragmentação tem aí ainda o sentido peculiar de impor pesadas travas a transformações de vulto.

A origem dessa cultura política conservadora remonta à ditadura militar de 1964. De cima e na marra, por meio do Ato Institucional nº 2, de outubro de 1965, foram extintos os partidos políticos então existentes. Ao mesmo tempo, as exigências para a criação de siglas eram de tal ordem — dispor de um mínimo de vinte senadores (de um total de 66) e de 120 deputados (de um total de 350) — que, na prática, era possível a criação de apenas dois partidos. Surgiu assim um sistema bipartidário do tipo oposição versus situação, MDB (Movimento Democrático Brasileiro) versus Arena (Aliança Renovadora Nacional), siglas vigentes até o final da década de 1970. Reformadores de gabinete e de caserna pretendiam com isso superar a fragmentação de interesses e as disparidades regionais — diagnosticadas como os grandes males da realidade brasileira — e criar algo como a verdadeira unidade da nação. O resultado ruinoso é conhecido. O que é bem menos conhecido é o papel que teve esse projeto autoritário na moldagem da cultura política brasileira a partir da redemocratização dos anos 1980.

Em lugar da produção de um sistema político efetivamente organizado em dois polos, o que a engenharia ditatorial conseguiu produzir foram confederações de grupos políticos, confederações de partidos. Isso obrigou as siglas oficialmente toleradas a se organizarem internamente de maneira a permitir a convivência de agremiações e tendências não apenas heteróclitas, mas, muitas vezes, adversárias. As estruturas partidárias resultantes tinham de produzir alguma unidade apesar de suas incompatibilidades internas.

Estava em pleno vigor o consenso forçado do nacional-desenvolvimentismo, que compunha o pano de fundo indiscutível sobre o qual se dava o debate e se formavam as divergências. O que só veio colaborar para que os programas partidários fossem peças retóricas, cujo único sentido real era a unidade forçada contra ou a favor da ditadura. Essa unidade forçada não se deu apenas em relação às antigas formações partidárias existentes antes do golpe de 1964, das quais provinha a grande maioria dos líderes nacionais dos partidos consentidos, mas teve efeito também sobre as novas forças políticas que se formaram durante o período ditatorial.

A ditadura militar transformou profundamente o país. Não só pelas altas taxas de crescimento do PIB, especialmente entre 1968 e 1973 (o que a propaganda oficial chamava de Milagre Econômico), quando ficaram entre 10% e 14%. Também porque é nesse período ditatorial que o processo de urbanização adquire uma velocidade inédita. O Censo de 2010 registrou números de 85% de população urbana contra 15% para a população rural. Mas (ainda que os números possam variar), em meados da década de 1960, essa divisão era ainda aproximadamente pela metade, sendo que vinte anos depois, em meados da década de 1980, a proporção já era aproximadamente de um terço de população rural para dois terços de urbana.

Essa coincidência de altas taxas de crescimento econômico e acelerado processo de urbanização é apenas um dos muitos possíveis exemplos de um panorama em que uma modernização forçada levou a uma reconfiguração da sociedade em todos os seus aspectos, tendo como resultado, por exemplo, a extinção ou a ressignificação de formas de sociabilidade tradicionais, assim como a criação de novas instituições sociais de maneira mais ampla. E, no entanto, transformações desse porte não encontraram expressão no sistema político estabelecido, repressivamente mantido segundo um bipartidarismo artificial.

O que de fato ocorreu foi certa adaptação das estruturas partidárias existentes, por vocação e por necessidade, a um modelo de gerenciamento de ideias, interesses e forças sociais capaz de dar conta das diversidades e das desigualdades produzidas pelas transformações do desenvolvimento autoritário. Não foram os sonhados partidos uniformes e homogêneos dos reformadores ditatoriais, mas partidos que trouxeram para dentro de si a fragmentação, de tal maneira, por sua vez, que sua própria lógica de funcionamento se tornou fragmentária. Em suma, partidos nacionais à brasileira.

Durante a década de 1970, foram criadas algumas expressões características para designar e estigmatizar quem não tivesse uma posição política verdadeiramente oposicionista à ditadura: chamava-se de fisiológico quem trocasse sua atuação política por cargos e benesses; chamava-se de adesistas integrantes da oposição que praticavam a fisiologia, já que isso significava na prática apoiar a ditadura. Foi provavelmente nesse mesmo quadro de pensamento que surgiu a expressão "biônico", como ficaram rotulados pela oposição os prefeitos de capitais e governadores de Estado indicados pelo partido governista. Mas também assim ficaram conhecidos aqueles senadores "adicionais", cadeiras criadas pela ditadura e ocupadas diretamente por seus apoiadores e que, a partir do Pacote de Abril, de 1977, que fechou o Congresso, garantiam maioria governista não apenas no Senado, mas igualmente no Colégio Eleitoral, responsável pela escolha do presidente. A manutenção em funcionamento nesses moldes repressivos do Congresso Nacional foi certamente um fator importante a explicar o surgimento de uma cultura política conservadora já em ambiente de redemocratização, na década de 1980.

Por contraposição, eram chamados autênticos aqueles sobre os quais não pesava suspeita de adesismo ou fisiologia. A partir da década de 1980, o fisiologismo (como prática, não como discurso, evidentemente) deixou de ser um estigma e passou a ser a marca característica do próprio PMDB, que se especializou em ser o partido que está sempre no poder, seja qual for o governo. Mas isso ainda não é suficiente para caracterizar o modo de operação desse fisiologismo, que é ponto essencial a ser explicado.

Quando do retorno do pluripartidarismo, aprovado em fins de 1979, o MDB passou a se chamar PMDB e ganhou o importante problema de saber como não se esvaziar, de como manter dentro da legenda correntes, tendências e mesmo partidos inteiros que tinham pouco a ver entre si além da unidade da luta contra a ditadura. Para conseguir manter dentro de uma mesma sigla partidária correntes e tendências tão heterogêneas, a nova sigla consolidou um sistema interno de regras de disputa cujos primeiros ensaios já tinham sido realizados na década de 1970.

Esse conjunto de práticas foi a base sobre a qual se construiu a cultura política dominante ao longo da redemocratização. Pelo destaque adquirido pelo PMDB, na década de 1980, ela é chamada neste livro de pemedebismo. O nome não quer dizer que se trate de uma prática restrita apenas ao PMDB, mas foi esse partido que primeiro a moldou e consolidou, ainda nos anos 1980, quando deteve, formalmente pelo menos, domínio absoluto da política brasileira.

Sua característica mais geral e marcante é estar no governo, seja qual for o governo e seja qual for o partido a que se pertença, como parte de um condomínio de poder organizado sob a forma de um superbloco parlamentar. Mas um bloco dessas proporções necessita de regras internas de arbitragem de conflitos para continuar operando. É por isso que essa cultura política dominante pode ser descrita de maneira simples como um sistema de vetos hierarquizado. É um modo de fazer política que promete franquear entrada a quem assim o desejar. Funda-se na promessa evidentemente irrealizável de, no limite, engolir e administrar todos os interesses e ideias presentes na sociedade, sem que haja perdedores que fiquem sem compensação. E garante a quem entrar que, se conseguir força eleitoral, e em proporção a essa força, ganhará direito a disputar espaço, dentro da máquina partidária e dentro do pemedebismo do sistema político, e a reivindicar e receber posições no aparelho do Estado.

A depender do espaço que conseguir conquistar dentro da máquina partidária a partir do capital eleitoral inicial de que partiu, o grupo organizado ganha a prerrogativa de vetar iniciativas que entenda lhe serem contrárias. Sob o pemedebismo, o exercício cotidiano da política não tem a ver, primordialmente, com ser favorável a estas posições ou partilhar de uma visão determinada do que deva ser o país (mesmo que se possa encontrar nesse caldo de cultura uma ou outra ilha de pensamento sobre o país); tem a ver fundamentalmente com a conquista da capacidade de vetar iniciativas alheias — ou, o que é o mesmo, de bloquear qualquer tentativa de mudar a correlação de forças, impedindo uma piora da posição relativa do grupo afetado.

Um grande salto no tempo, rumo ao pemedebismo característico da década de 2000, pode ajudar a ilustrar esse modo de operar. Não poucas vezes, as disputas típicas do pemedebismo tornam mais vantajoso trocar de partido, ou mesmo fundar outro, do que simplesmente se contentar com a cota de sócio do pemedebismo de que já se dispõe. Trocar de legenda ou fundar um partido (também mediante fusão de partidos já existentes) significa alterar a correlação geral de forças dentro do pemedebismo, significa buscar uma cota maior do condomínio. Sob o pemedebismo, buscam-se sempre válvulas de escape para fugir aos vetos, mantenedores do status quo, em tentativas de mudar a correlação de forças.

Em 2007, por exemplo, o Supremo Tribunal Federal estabeleceu uma interpretação da fidelidade partidária que bloqueou em grande medida a possibilidade das constantes trocas de partido, até então mecanismo importante de fuga de vetos. Foi quando se passou a utilizar como válvula de escape a criação de novas legendas (inclusive mediante fusões de partidos já existentes). A isso se seguiu uma reação à mudança da correlação de forças, com a iniciativa parlamentar, em 2013, de impedir o acesso de novas legendas à parte proporcional do fundo partidário e de tempo de televisão antes que a nova agremiação tivesse disputado uma eleição. Em suma: a lógica mais profunda do pemedebismo é aquela que vai da sístole da fragmentação partidária à diástole do bloqueio à alteração da correlação de forças existente.[6]

Também o Judiciário, como legítimo integrante do sistema político, opera segundo essa mesma lógica. O STF (Supremo Tribunal Federal) e o TSE (Tribunal Superior Eleitoral) funcionam de fato como freio e contrapeso importantes no jogo entre os poderes. Mas segundo uma lógica pemedebista que também os caracteriza. Quando entendem que o sistema ameaça operar unicamente segundo a diástole do bloqueio à alteração da correlação de forças existente, tomam decisões em favor da fragmentação partidária. E vice-versa. Foi esse o "liberalismo" que se conseguiu produzir no país. Ao zelar por uma interpretação predominantemente "liberal" da Constituição e da legislação eleitoral, STF e TSE produzem, na verdade, um "liberalismo à brasileira", fundado no movimento pendular próprio do pemedebismo, funcionando como contrapeso à sístole fragmentária e como freio à diástole do bloqueio das correlações de forças vigentes.

O poder de veto, em importância e em frequência de exercício, vem antes mesmo da ocupação de espaço no aparelho do Estado. Vetar indicações ou iniciativas vem antes de indicar ou de se movimentar a favor de propostas essencialmente porque o exercício do veto mantém o status quo, porque tem por objetivo travar a correlação de forças no estado em que se encontra. Destinado a evitar a competição por parte de qualquer outro grupo ou tendência, é uma tática permanentemente defensiva, com o objetivo de preservar o espaço conquistado. A prioridade de cada grupo estabelecido é antes bloquear qualquer mudança na correlação de forças vigente do que ampliar seu espaço de poder.

Mas é óbvio também que mudanças ocorrem. E, também por isso, não se trata de um sistema de vetos sem mais. Em primeiro lugar, porque se trata de um sistema de vetos hierarquizado. O processo de veto tem árbitros, organizados segundo a hierarquia partidária. Em cada caso, cabe em princípio ao árbitro — ao dirigente partidário que, na hierarquia, se encontra acima do nível em disputa — decidir tanto sobre o poder de veto pretendido como sobre seu alcance e possíveis alternativas.[7]

Sob o pemedebismo, o agente político constrói e faz parte de uma rede em que seu papel é desemperrar e/ou manter o quanto possível desemperrados os caminhos burocráticos que permitem o acesso de seu grupo a fundos e serviços públicos. Quanto mais alta sua posição na hierarquia partidária, mais ampla sua visão do conjunto da rede. E maior, portanto, sua capacidade também para decidir sobre vetos.

Voltemos agora à década de 1980 para apresentar em maior detalhe as transformações por que passaram, no período de 1979 a 1994, tanto o PMDB quanto a cultura política a que deu origem. Desde que a ditadura militar declinou, o PMDB não se construiu mais por oposição a um inimigo, fosse real ou imaginário, mas por um discurso inteiramente anódino e abstrato, sem inimigos, prometendo funcionar como um sistema de ingresso em princípio universal em que se pode obter o direito tanto a um quinhão correspondente no Estado como a vetos seletivos.

O marco inaugural desse longo processo pode ser posto nas eleições de 1982, em que, pela primeira vez desde o golpe militar de 1964, os governadores de estado foram escolhidos por eleição direta. O resultado dessas eleições deu início a uma "política dos governadores", que só começou a declinar a partir das eleições presidenciais de 1994.[8] A partir de 1983, com a posse dos governadores eleitos pelo voto direto, essas figuras de ordem de grandeza até então inédita — com poder, pela primeira vez em dezoito anos, sobre quinhões importantes do aparelho de Estado — passaram a fazer parte da dinâmica partidária. Tornaram-se, juntamente com seus aliados e representantes diretos, as figuras mais destacadas das cúpulas partidárias. A partir desse momento, todo um complexo e intrincado sistema de vetos em formação passou a ter nos governadores árbitros incontestes, aos quais se somava (mas sem lhes ameaçar a liderança) a tradicional cúpula parlamentar, liderada pelo então presidente do PMDB, Ulisses Guimarães.

Com o pluripartidarismo, havia quem achasse que o sentido do MDB também havia se esgotado. Foi com esse pensamento, por exemplo, em fevereiro de 1980, que o então deputado pelo partido Tancredo Neves fundou o Partido Popular (PP). O novo partido pretendia reunir quadros dos dois partidos vigentes durante a ditadura, oferecendo assim uma alternativa claramente conservadora para a transição democrática. O movimento não foi bem-sucedido, e já em 1983 Tancredo Neves se filiou ao PMDB para se candidatar ao governo de Minas Gerais. Sinal de que o PMDB guardava um capital político de altíssimo valor. Por um lado, mostrou-se capaz, entre outras coisas, de aglutinar os interesses de uma elite assustada com a possibilidade de transformações radicais. Por outro, tinha a seu favor o diagnóstico então bastante difundido de que dispersar as forças reunidas no partido naquele momento poderia significar também colocar inteiramente nas mãos dos militares a transição democrática. A antiga Arena tinha se tornado PDS (posteriormente PPR, PPB e PP) e havia conseguido manter a maior parte de seus quadros. Com a derrota no Congresso, em 1984, da emenda que previa eleições diretas para a presidência, ficou mantido o Colégio Eleitoral como órgão encarregado de eleger indiretamente o presidente, em 1985. O Colégio Eleitoral — de maioria governista, acrescente-se — poderia vir a escolher o nome civil apontado pelo PDS, que, após uma acirrada disputa interna, optou pelo nome do então governador de São Paulo, Paulo Maluf.

Tendo decidido participar desse processo indireto, o PMDB, não por acaso, escolheu um governador como seu candidato, o então governador de Minas Gerais, Tancredo Neves. Ao receber o apoio do Partido da Frente Liberal (PFL), racha da base de sustentação do regime militar, o que garantiu sua eleição indireta, Tancredo de certa maneira realizou aquele que tinha sido o frustrado projeto de fundação do PP, em 1980. Uma eventual presidência de Tancredo Neves poderia ter vindo a alterar a política dos governadores e a correlação de forças que lhe era própria. Mas a doença, que o impediu de tomar posse após a vitória no Colégio Eleitoral (em janeiro de 1985), e sua morte, três meses depois (em abril do mesmo ano), acabou por levar à presidência o vice-presidente eleito em sua chapa, José Sarney, quadro histórico de sustentação da ditadura militar, indicado pelo PFL. Ao se tornar presidente, Sarney tornou-se também dependente ao extremo do PMDB, ao qual tinha se filiado por razões meramente formais.

Essa circunstância acabou por conferir enorme peso político aos governadores ao longo da década de 1980. E a coincidência pouquíssimo acidental entre as eleições de 1986 e o lançamento do Plano Cruzado só fez reforçar esse modo de operar, já que nesse ano o PMDB conquistou todos os governos estaduais, com exceção de Sergipe. A lógica claramente eleitoreira do plano de combate à inflação deu ao PMDB esmagadora vitória também com uma bancada expressiva na Câmara dos Deputados, que conquistou 260 cadeiras de um total (à época) de 487. Não bastasse isso, o PFL, o principal aliado na Aliança Democrática na eleição de Tancredo Neves, obteve nada menos que 118 cadeiras. Das 49 cadeiras em disputa para o Senado, o PMDB conseguiu 38.

Ser o partido majoritário no Congresso significou também ser o majoritário na Assembleia Nacional Constituinte, eleita simultaneamente no mesmo pleito de 1986 e empossada em fevereiro de 1987. O que teve por resultado adicional o fortalecimento do polo parlamentar, que se firmou como contraponto do polo dos governadores dentro do partido. O jogo de poder no interior do PMDB passou a se dar primordialmente, portanto, entre o polo dos governadores e o polo parlamentar, sendo que soluções de compromisso eram encontradas sempre em consonância com a lógica de vetos que caracteriza o partido.

O governo Sarney, que já vinha tutelado desde o início, tornou-se a partir daí inteiramente dependente do PMDB, tanto dos governadores de estado como da elite congressual — Ulisses Guimarães à frente, como presidente da Câmara dos Deputados e, consequentemente, da Assembleia Nacional Constituinte. Entre 1983 e 1994, pode-se dizer que a disputa entre os governadores, de um lado, e a elite congressual, de outro, teve caráter de compromisso entre os dois polos, em um movimento pendular. Se Tancredo Neves, governador de Minas, foi o candidato escolhido pelo partido para concorrer à eleição indireta à presidência em 1985, Ulisses Guimarães conseguiu a indicação em 1989, assim como em 1994 foi a vez do então governador de São Paulo, Orestes Quércia.

Mas, mesmo abstraindo desse arranjo interno pendular, é necessário insistir que, tomada isoladamente, a política dos governadores é mal compreendida quando pensada apenas em termos de uma estadualização dos partidos, correntes ou dos grupos organizados — como se se tratasse de uma volta aos partidos da Primeira República, da República Velha segundo a pecha da Revolução de 1930. Essa divisão do poder partidário foi antes efeito imediato do fato de que eleições estaduais diretas tiveram lugar antes de uma eleição presidencial direta. Conjugado à morte de Tancredo Neves, em 1985, antes de tomar posse na presidência, e ao governo Sarney, tutelado pela cúpula partidária, o fato de a volta das eleições diretas ter começado pelos governos estaduais acabou sendo decisivo para o futuro do país.

Mudou imediatamente a correlação partidária de forças no interior do PMDB. Porque, além disso, a posse na presidência de um trânsfuga do partido oficial da ditadura militar fez com que a posição presidencial não tivesse peso político suficiente para alterar o jogo de forças em vigor. Pelo contrário, apenas passou a exigir a reinclusão no cabo de guerra de um polo que nunca tinha deixado de estar presente e que, com a Constituinte, voltou a ganhar um destaque que tinha perdido antes das eleições para os governos estaduais, em 1982: o polo parlamentar. Mesmo se boa parte dos parlamentares dependia para sua sobrevivência política da subordinação ao poder do governador de seu estado, o polo parlamentar, com a dominância no processo constituinte, conseguiu certa independência e poder próprios.

A característica mais geral dessa correlação de forças pemedebista da década de 1980 é sua orientação para impedir transformações profundas, especialmente em um momento em que uma reorientação radical do padrão de sociedade do país se impunha. Em um modelo político como esse, leva a melhor quem tem maior poder de veto, o que inclui posições estratégicas sólidas, encasteladas no Estado, ocupação eficiente da mídia, com colonização do debate público, poder de fogo para chantagear a política pública do momento, ou uma combinação desses elementos.[9]

Essa é figura primeira do pemedebismo, aquela consolidada na década de 1980: uma cultura política dotada de mecanismos de administração de conflitos que, dado seu peculiar sistema de vetos, se caracteriza por travar mudanças profundas, mesmo que tenham se tornado urgentes, prementes em vista de problemas estruturais postos a descoberto. Também o processo constituinte e o próprio texto constitucional resultante espelharam à sua maneira a cristalização dessa dominância pemedebista. Se, a partir dos anos 2000, com todas as transformações legislativas e de interpretação jurídica por que passou, a Constituição Federal de 1988 terminou por se tornar base e referência para um novo modelo de sociedade, diferente do nacional-desenvolvimentismo, essa não foi a visão que predominou no momento de sua promulgação. Ao ser promulgada, a Constituição Federal de 1988 não se apresentou primeiramente como uma saída para os impasses de um nacional-desenvolvimentismo já caduco, mas antes como sua cristalização.

O texto constitucional foi, a princípio, o resultado do brutal descompasso entre um sistema político elitista e conservador e uma maciça, variada, inédita e organizada mobilização popular, nos anos 1980, especialmente visível no período da Constituinte. O emblema do pemedebismo dominante no período constituinte foi o chamado Centrão, enorme bloco suprapartidário que, de fato, determinou como nenhum outro o processo e seu resultado final. Essa é a primeira figura consolidada do pemedebismo tal como se constituiu na década de 1980.

Mas, em meio à confusão muito interessada do pemedebismo e de uma continuidade artificial do nacional-desenvolvimentismo, ficaram ao mesmo tempo gravadas na Constituição algumas das bases do que viria a ser o projeto social-desenvolvimentista, o novo modelo de sociedade que apenas no período Lula surgiu de forma mais claramente cristalizada, passando a orientar a autocompreensão do país de maneira mais ampla a partir de então. Foram esses elementos social-desenvolvimentistas da Constituição Federal que, pouco a pouco, foram tomando o primeiro plano, deixando para trás as marcas nacional-desenvolvimentistas que a caracterizaram inicialmente. A transição para a democracia foi também uma transição para um novo modelo de sociedade, e reconstruir esse processo de dupla face é tarefa fundamental deste livro em seu conjunto, para colocar o "imobilismo em movimento".

Pouco a pouco, começaram a se redefinir as relações do país com o capital internacional. Após o trauma da moratória de 1987, a renegociação em termos relativamente favoráveis da dívida externa realizada por meio do Plano Brady — assim conhecido em referência a um dos principais mentores do acordo, o então secretário do Tesouro dos Estados Unidos, Nicholas F. Brady —, em 1989, pôs fim a dez anos de crise e deu início a uma pacificação das relações financeiras externas. Também nesse momento teve início certa flexibilização do fluxo de capitais externos, apoiada por uma legislação que foi se tornando cada vez mais liberal, culminando com a eleição de FHC, em 1994.

Do lado dos movimentos sindicais, populares e de trabalhadores não se encontrava força política suficiente para romper as barreiras do sistema, para confrontar a elite tradicional com um modelo de sociedade alternativo ao nacional-desenvolvimentismo. Um dos elementos impeditivos centrais para a produção de tal projeto alternativo, que contemplasse efetivação de direitos e redistribuição de renda a favor dos mais pobres, foi justamente o processo da Constituinte de 1988.

Uma transição morna para a democracia, controlada pelo regime ditatorial em crise e pactuada de cima por um sistema político elitista, deu de cara com movimentos e organizações sociais, sindicatos e manifestações populares que não cabiam nos canais estreitos da abertura política de então. Como não era possível controlar todos esses movimentos, o sistema político, especialmente sob a organização do Centrão, encontrou outra maneira de neutralizá-los, apostando na ausência de uma pauta unificada e de um partido (ou frente de partidos) que canalizasse as aspirações mudancistas.

Na ausência de um polo com legitimidade e respaldo para concentrar e unificar as novas reivindicações populares sob a homogeneidade de um programa político coerente — como veio a ser o PT (Partido dos Trabalhadores) após a eleição de 1989 —, o processo constituinte sob a égide do PMDB e do Centrão impôs-se à fragmentação das reivindicações de transformação. Na ausência de um programa político unificado no campo popular e com a dominância da fragmentação hierarquizada do PMDB, o objetivo primordial de cada movimento social passou a ser conseguir inserir no texto constitucional o tema que lhe concernia mais diretamente, sozinho ou em aliança heterogênea com outros grupos. Mas, de qualquer maneira, em uma lógica bastante fragmentária.[10]

Muitas vezes considerada como o período do ajuste estrutural à nova etapa do capitalismo mundial, a década de 1980 foi, na verdade, a do adiamento do ajuste mediante descontrole inflacionário e fechamento da economia. Não é de estranhar, portanto, que esse adiamento estrutural, sob o domínio do pemedebismo, tenha levado logo adiante à paralisia e a uma situação econômica e política caótica. O fim da dominância pemedebista na década de 1980 pode ser posto na humilhante derrota de Ulisses Guimarães na eleição presidencial de 1989, que obteve apenas 4,43% dos votos. Ao mesmo tempo, levou à vitória daquele que se apresentou nessa eleição como um representante do antipemedebismo, Fernando Collor de Mello. Collor e o PMDB da década de 1980 são os dois lados de uma mesma moeda. O PMDB é travamento e impasse; Collor é o presidente que se propõe a destravar o país de um só golpe, em um voluntarismo alucinado e salvacionista. Os dois lados, aparentemente opostos, chegam ao mesmo resultado: crise política e econômica crônicas. Que, com Collor na presidência, se estende por quase dois anos.

Collor renunciou no final de 1992, ainda em meio ao processo de impeachment que corria no Senado, sob a direção do então presidente do STF, Sidney Sanches. Tudo começou com uma entrevista de seu irmão Pedro Collor à revista *Veja* em maio de 1992, na qual acusava o tesoureiro de campanha de Collor, Paulo César Farias, de tráfico de influência e corrupção. A denúncia provocou a criação de uma Comissão Parlamentar de Inquérito (CPI), cujos desdobramentos resultaram na abertura do processo de impeachment do presidente.

Do ponto de vista dos protestos de rua, o desdobramento emblemático foi a mobilização estudantil pelo afastamento de Collor, no que ficou conhecido como o Movimento dos "Caras-pintadas", em referência à pintura dos jovens rostos como forma de protesto. Foi nesse período também que se constituiu de maneira um pouco mais formalizada o Movimento pela Ética na Política, ampla frente de combate ao pemedebismo que encontrou no processo de impeachment o seu momento de maior ressonância. Chegou a reunir aproximadamente novecentas entidades em coalizão, sendo que seu manifesto inicial, uma "Declaração ao povo", foi divulgado em maio de 1992.

O debate do impeachment se concentrou em temas que tinham sido os principais slogans de campanha de Collor em 1989: combate à corrupção e aos privilégios de ocupantes de cargos públicos (que, na eleição presidencial, Collor tinha chamado de "caça aos marajás"). Mas seu pano de fundo foi bem mais amplo. Para começar, incluiu o chamado confisco da poupança do Plano Collor 1 (março de 1990) — um bloqueio de percentual bastante elevado dos recursos em contas bancárias, realizado pela então ministra da Economia, Zélia Cardoso de Mello. Esse movimento desastrado teve como resultado que, no ano de 1990, o PIB retraiu 4,35%. E o Plano Collor 2 (janeiro de 1991), implementado por um novo ministro da Economia, Marcílio Marques Moreira, manteve a política recessiva, fazendo com que, em 1992, o PIB tivesse retração de 0,5%, após um crescimento de apenas

1% no ano anterior. O outro componente decisivo do pano de fundo do Movimento "Fora Collor" foi o de uma Constituição que, promulgada em 1988, não saía do papel.

Não obstante a patente relevância e amplitude do movimento pelo impeachment, não houve de fato um debate público sobre o "choque de capitalismo" que representou o projeto político de Collor, um programa acelerado e desastrado de liberalização da economia e do Estado. O que mostra uma vez mais que a oscilação pendular entre o bloqueio pemedebista e o voluntarismo insensato não resolveu o problema de fundo, que era o da derrocada do modelo nacional-desenvolvimentista.

Foi também nesse momento que surgiu um dos mais importantes slogans do debate público da redemocratização, a palavra de ordem da Ética na política, que se impôs durante pelo menos dez anos como referência obrigatória para ações que recusavam tanto o pemedebismo quanto o voluntarismo salvacionista. É difícil, entretanto, falar de um movimento efetivamente organizado e institucionalizado. Da mesma forma, o próprio slogan era altamente abstrato, exprimindo uma sensação um tanto vaga de que era necessária uma mudança radical do sistema político. Ainda assim, não se deve diminuir a sua importância no debate público e nas disputas eleitorais até meados dos anos 2000.

Se serviu como ponto de apoio importante para o "governo de união nacional" de Itamar Franco, o Movimento pela Ética na Política nunca conseguiu de fato se traduzir em termos institucionais concretos. Acabou se mostrando um slogan vazio, um movimento de rejeição em bloco à política, em lugar de uma rejeição a um modo determinado de funcionamento do sistema político, resvalando para a antipolítica. Se acabou desaparecendo do debate público, parece ter encontrado um sucedâneo já um pouco menos abstrato (mas ainda de baixa politização) no adjetivo "republicano", que passou a resumir a ideia de rejeição ao pemedebismo em termos de um republicanismo ou de um funcionamento republicano das instituições.

Pela mesma época, em sentido contrário ao chamamento da Ética na política, começa a se firmar o mote da "governabilidade" do país em termos claramente pemedebistas. Se, no momento da aprovação da Constituição, em 1988, o então presidente José Sarney havia declarado que ela tornaria o país "ingovernável", após o terremoto Collor, a exigência de um Centrão, de uma amplíssima aliança político-parlamentar para a sustentação de qualquer governo se estabeleceu como natural para quase todo o conjunto do sistema, com a notável exceção, naquele momento, do PT e seus aliados históricos. E foi essa a tendência que acabou por prevalecer nos governos eleitos que se seguiram: pouco a pouco, tanto o PMDB como, de maneira mais geral, o pemedebismo se tornaram sinônimo de governabilidade.

No período da Constituinte, a estratégia conservadora de contenção das demandas por transformações rápidas e profundas foi a criação do Centrão, sob a liderança do PMDB. A partir do impeachment de Collor, essa estratégia se transfigurou progressivamente na ideologia de que, para não cair, para não sofrer um processo de impeachment, qualquer governante precisaria contar com supermaiorias parlamentares de apoio. Não apenas uma maioria, mas uma supermaioria, um bloco parlamentar de tal dimensão que não pudesse ser sequer desafiado por forças oposicionistas. Uma supermaioria que estivesse no governo, qualquer que fosse ele. Essa ideologia faz parecer impensável a formação de um governo dotado de escassa maioria no Congresso, ou mesmo de um governo minoritário, mas com apoio popular. A ideologia da necessidade de uma supermaioria parlamentar é a figura do pemedebismo tal como se espalhou pelo sistema político dos anos 1990 em diante.

Apesar de o pemedebismo ter se espalhado como lógica dominante, a dominância mesma que teve o partido que lhe deu origem, o PMDB, não se estendeu para além da década de 1980. Nunca mais o PMDB conseguiu bancadas no Congresso como as obtidas nas eleições de 1986 — como, aliás, nenhum outro partido conseguiu desde então. Em 1994, o Plano Real representou um plano econômico de novo tipo, fundado em uma aliança disposta a sustentá-lo e que, na sua origem, não contou com o apoio do PMDB. E o PT acabou se fortalecendo o suficiente para se colocar como alternativa eleitoral viável.

A Constituinte recebeu e aceitou muitas das demandas e as inscreveu na Constituição de 1988. Mas fez com que esses dispositivos constitucionais dependessem de leis complementares para ser efetivamente implementados. Ou seja, com uma ou outra exceção notável (a criação do Sistema Unificado de Saúde, o SUS, à frente), tomou de volta para si o poder de decisão de fato. Vem daí a visão da Constituição como mero "conto de fadas", como carta de intenções sem efeitos práticos. Acontece que a história não terminou aí, como não termina a história de Constituição alguma mundo afora.

Severamente limitadas ou simplesmente bloqueadas pelo pemedebismo dominante, as energias de transformação representadas foram se acumulando e, progressivamente, ao longo da década de 1990, passaram a se concentrar no PT. Isso não significa que o partido como tal se confunda com essas energias de transformação social, que o superam de muito. Se se quiser buscar uma cristalização institucional dessas reservas de energia transformadora, seu lugar é antes a Constituição de 1988 e a luta por sua efetivação do que um partido ou organização social em especial.

Desde o seu nascimento, o PT tinha a pretensão de ser um partido nacional. Pretendia unificar o país de baixo, a partir dos movimentos sociais e sindicais que combatiam a desigualdade em suas diversas formas. A ideia era simples e direta: construir um país democrático só é possível se forem eliminadas as desigualdades. E isso incluía combater de frente um sistema político dominado pelo pemedebismo, que busca apenas acomodar e gerenciar as desigualdades. Não por acaso, convinha-lhe também perfeitamente o rótulo de partido representante por excelência da Ética na política.

No momento em que, com apenas 16,08% da votação, Lula conseguiu ir ao segundo turno na eleição presidencial de 1989, contra Collor, o movimento de concentração de forças sociais em torno do PT se intensificou. Ao mesmo tempo, ocorreu um declínio da militância de base característica dos anos 1980, que foi substituída por uma "profissionalização" do PT na década de 1990, acompanhada da ampliação do número de parlamentares em todos os níveis e da conquista de prefeituras importantes. Nesse momento, o PT se tornou o líder incontestável e exclusivo da esquerda. Tornou-se o fiel depositário das energias de transformação em larga medida barradas pela pemedebização.

Depois da aventura de Fernando Collor, a lógica pemedebista dominante desde a redemocratização já tinha voltado a dar as cartas. Mas, a partir dali, o modelo inaugurado pelo PMDB já não pertencia somente àquele partido, mas tinha se tornado o modelo de organização e ação de quase todos os partidos brasileiros. Cristalizou um modo de operação do sistema político em que o pemedebismo seria "inevitável", peça fundamental do lamentável bordão da governabilidade que perpassa todos os governos desde então. Quase todo partido brasileiro pretende, no fundo, ser — grande ou pequeno — um PMDB. A exceção da história naquele momento foi, uma vez mais, o PT, que, entre outras coisas, se recusou a participar do governo de união nacional proposto por Itamar Franco, vice-presidente que completou o mandato de Collor após o impeachment.

Pelo menos desde o lançamento do Plano Real até as eleições de 2006, o PSDB (Partido da Social Democracia Brasileira) foi a outra exceção ao pemedebismo. Fundado em 1988 como uma cisão no PMDB, o PSDB nasceu do diagnóstico — construído durante o processo constituinte — de que um sistema político sob o domínio do PMDB jamais conseguiria realizar os ajustes estruturais que se faziam necessários. Os tucanos se apresentavam como um conjunto de quadros bem formados que poderiam liderar e dirigir o pemedebismo rumo a um novo modelo de desenvolvimento. O que já se materializou em parte na eleição à presidência da República de 1989, quando o desempenho do candidato do partido, o então senador Mário Covas, pôde ser considerado bastante bom, tendo obtido o quarto lugar na eleição, com 10,78% dos votos — atrás de Collor (28,52%), Lula (16,08%) e Leonel Brizola (15,75%).

Em um discurso pronunciado no Senado em junho de 1989, Covas defendeu uma tese que acabou se tornando uma espécie de slogan informal de sua campanha: a ideia de que o país precisaria de um "choque de capitalismo". Entre outras coisas, o discurso dizia o seguinte:

> Hoje, com a aceleração das transformações tecnológicas, geopolíticas e culturais que o mundo está atravessando, a opção é manter-se na vanguarda ou na retaguarda das transformações. É com esse espírito de vanguarda que temos que reformar o Estado no Brasil. Tirá-lo da crise, reformulando suas funções e seu papel. Basta de gastar sem ter dinheiro. Basta de tanto subsídio, de tantos incentivos, de tantos privilégios sem justificativas ou utilidade comprovadas. Basta de empreguismo. Basta de cartórios. Basta de tanta proteção à atividade econômica já amadurecida.
>
> Mas o Brasil não precisa apenas de um choque fiscal. Precisa também de um choque de capitalismo, um choque de livre-ini-

ciativa, sujeita a riscos e não apenas a prêmios. [...]. O Estado brasileiro cresceu demasiadamente como produtor direto de bens, mas atrofiou-se nas funções típicas de governo. Vamos privatizar com seriedade e não apenas na retórica. Vamos captar recursos privados para aumentar os investimentos de empresas públicas estratégicas e rentáveis. Vamos profissionalizar a direção das estatais, estabelecer um código de conduta. Metade da nossa indústria está atrasada tecnologicamente. Importamos pouquíssima tecnologia — talvez nem um vigésimo do que gastamos com turismo externo registrado e não registrado. Temos que inverter essa situação. Não podemos permitir que o futuro seja a grande vítima do presente.

Como se pode ver por esse discurso, o Plano Real não foi raio em céu azul, como não o foi a própria abertura econômica desastrada de Collor. Parte relevante da elite política já tinha consciência da insustentabilidade do modelo nacional-desenvolvimentista, bem como das medidas que considerava necessárias para superá-lo. O PSDB, em particular, era então composto majoritariamente de um grupo de quadros formados na oposição à ditadura, em governos estaduais e no governo Sarney, que se colocavam sempre a postos para tomar o controle do processo político no Brasil a cada nova situação de crise. E, depois de 1989, esse era um movimento que incluía também o objetivo de derrotar Lula nas eleições de 1994, já que ele liderava as intenções de voto em todas as pesquisas de opinião da época.

A primeira tentativa organizada de tomar a direção do processo político por parte do PSDB ocorreu em 1993. O processo da Constituinte tinha sido marcado pela convicção de parte importante da elite congressual de que o país só conseguiria sair do impasse nacional-desenvolvimentista com a adoção do parlamentarismo. Essa foi uma primeira tentativa de dirigir o pemedebismo, o Centrão, que dominou no período de março de 1987 a outubro de 1988, em que foi produzida a Constituição. Afinal, a adoção do parlamentarismo significaria, de alguma maneira, uma institucionalização do Centrão. E, ao mesmo tempo, assim se pensava, significaria também conferir uma posição de destaque para os quadros capazes de liderar esse enorme bloco parlamentar, aqueles que, a partir de 1988, fundaram o PSDB.

Não são poucos os dispositivos constitucionais que reproduzem instituições e procedimentos característicos de regimes parlamentaristas. E, no entanto, os defensores do parlamentarismo no período constituinte não conseguiram a implantação desse sistema de governo. O que conseguiram foi uma segunda chance. Foi introduzido na Constituição um duplo dispositivo de revisão: ficou estabelecido que, cinco anos após a promulgação (em 1993, portanto), haveria um amplo processo de revisão do texto constitucional e um plebiscito sobre a forma (monarquia ou república) e o sistema (presidencialista ou parlamentarista) de governo.

Nos dois casos já se pode encontrar o projeto de parte da elite política — especialmente aquela egressa do PMDB e fundadora do PSDB — de liderar o pemedebismo do sistema, conferindo-lhe direção e sentido. E, naquele momento, o projeto era basicamente o do desmonte do nacional-desenvolvimentismo. Não se tratava ainda de um movimento de base política unificada e com diretrizes claras, como se pode dizer da aliança política do Plano Real. Sirva de exemplo o fato de que o então senador Marco Maciel (PFL), futuro candidato a vice-presidente na chapa vitoriosa de FHC, foi figura de proa no processo de revisão constitucional, mas se alinhou ao presidencialismo no plebiscito. O processo de revisão constitucional acabou sem nenhuma alteração relevante do texto. E a posição parlamentarista foi derrotada no plebiscito.

Em ambas as derrotas do PSDB, foi decisiva a atuação de oposição do PT, que tinha Lula como candidato a presidente favorito absoluto para as eleições do ano seguinte. O mesmo PT que, em 1988, tinha votado contra o texto final da Constituição (mas que o assinou) foi o seu maior defensor cinco anos depois, procurando bloquear de todas as maneiras qualquer alteração. Também manteve posição unificada e de destaque na defesa do presidencialismo. Mas, ao mesmo tempo, o PSDB usou essas duas derrotas para começar a moldar a aliança política que resultaria no Plano Real.

A posição do PMDB nesse contexto é bastante peculiar. O partido conseguiu manter parte de sua força eleitoral nas eleições de 1990 (conquistou 108 cadeiras na Câmara dos Deputados, de um total à época de 503). Mas ficou afastado do centro da decisão política durante o governo Collor — sustentado fundamentalmente pelo PFL, em especial depois de esse governo ter enfrentado sua primeira grande crise, estampada na demissão da ministra da Economia, em maio de 1991.

O PMDB fez parte do governo Itamar, mas na qualidade de sócio menor. Suas dissensões internas não permitiram uma tomada de posição unitária no processo de revisão constitucional nem no plebiscito sobre a forma e o sistema de governo. Não foi de menor importância nesse contexto a morte de Ulisses Guimarães, em um acidente de helicóptero, em outubro de 1992. Essas circunstâncias, somadas ao fato de ser àquela altura ainda relativamente recente o racha do PSDB dentro do PMDB, não permitiram que este partido participasse diretamente da construção da aliança que levaria ao Plano Real, tendo sido obra do governo FHC trazê-lo posteriormente — ou parte significativa dele, pelo menos — para sua base de apoio.

A oscilação catastrófica entre os extremos do travamento pemedebista e do cesarismo alucinado de Collor, a ameaça de uma vitória de Lula em 1994 e certo consenso da elite política de que era necessário produzir um ajuste profundo no modelo de sociedade, tudo isso estabeleceu as bases para o surgimento de um novo pacto político representado pelo Plano Real. Entre as mais importantes razões de seu sucesso está justamente a de ter se apresentado como um pacto que não combate de frente a lógica pemedebista da política brasileira, mas propõe a ela uma acomodação.

Com muitos solavancos e percalços, propõe uma transformação de envergadura muito mais ampla do que a que o pemedebismo está normalmente disposto a não vetar. Mesmo sendo uma transformação que se propõe a ferir o menos possível a lógica vigente do sistema político, que procura impor o mínimo possível de perdas aos sócios do condomínio pemedebista, que se compromete a compensar substancialmente eventuais perdas, quando inevitáveis. Foi assim que um novo pacto político conseguiu ao menos passar a *dirigir* o pemedebismo, conferindo-lhe um sentido determinado.

O ano de 1993 foi decisivo para a história política do país. Além do processo de revisão constitucional e do plebiscito sobre a forma e o sistema de governo, foi também o ano em que começou a ser gestado o Plano Real. Depois de substituir por três vezes o ministro da Fazenda em poucos meses de governo, Itamar Franco deu posse no cargo a Fernando Henrique Cardoso, que lançou, em 27 de fevereiro de 1994, o Fundo Social de Emergência (FSE), por meio do qual o governo federal poderia reter fundos que, constitucionalmente, teriam de ser aplicados em rubricas determinadas, ou mesmo repassados a estados e municípios. Mas outro mecanismo importante de financiamento do Plano já tinha sido implementado no ano anterior, em 1993, o imposto provisório sobre movimentação financeira (IPMF), de 0,25% do valor de cada saque bancário, que teve vigência durante todo o ano de 1994. (Entre 1997 e 2007, esse mesmo imposto — mas com outra alíquota, 0,38% — teve vigência sob o nome de contribuição provisória sobre movimentação financeira, a CPMF.)

Esses movimentos representaram não apenas condições fiscais essenciais para a implementação do Real, mas marcos decisivos na retomada pelo governo central do monopólio da política econômica. Representaram uma ruptura em relação à ausência de centralização dos instrumentos fundamentais de política econômica, em boa medida fragmentados na "política dos governadores". Depois de ganhar posteriormente o nome de Fundo de Estabilização Fiscal (FEF), essa exceção constitucional se tornou habitual, a partir do ano 2000, sob o nome de Desvinculação das Receitas da União (DRU).

Em 1º de março de 1994 — três meses antes do lançamento oficial da nova moeda, o real, em 1º de julho —, foi introduzida a URV (Unidade Real de Valor), cujo valor diário servia de referência para os preços em um ambiente de altas taxas de inflação e pretendia recompor uma "unidade de conta" para o conjunto da economia. A convergência proporcionada pela URV permitiu também evitar um dos principais problemas observados no Plano Cruzado, conhecido como desalinhamento dos preços relativos.

Ao recorrer ao congelamento de preços em ambiente de altas taxas de inflação, o Plano Cruzado congelou também determinada situação da corrida inflacionária. Quem tinha conseguido reajustar seus preços pouco antes da decretação do plano havia garantido boas margens de lucro. Quem, ao contrário, tinha ficado para trás na corrida podia chegar à falência em pouco tempo, já que sua margem de lucro podia ser insuficiente ou mesmo nula. Esses graves desequilíbrios conduziram a dificuldades ou mesmo a episódios de colapso na produção e no abastecimento.

Outro elemento decisivo para o sucesso do Plano Real foi o fato de ter sido implementado paulatinamente, com ampla propaganda e esclarecimento, não sendo mais um da série de planos-surpresa, elaborados na calada da noite e decretados de supetão. Essa aposta em um amplo processo de esclarecimento público mostrou tanto sua eficácia quanto um sentido democrático relevante. Ressalte-se que pelo menos três dos mentores técnicos do Real, os economistas Persio Arida, André Lara Resende e Edmar Bacha, tinham também participado da equipe que elaborou e implementou o Plano Cruzado, tendo trazido desse período a experiência de que o congelamento de preços não era o instrumento adequado para controlar a inflação. Os três ocuparam, em diferentes momentos, a presidência do BNDES. Persio Arida, de setembro de 1993 a janeiro de 1995, quando assumiu a presidência do Banco Central (até junho de 1995). Edmar Bacha, de janeiro a novembro de 1995. E André Lara Resende, de abril a novembro de 1998. Outras duas figuras de destaque da equipe que formulou o Real foram Pedro Malan (presidente do Banco Central de setembro de 1993 a dezembro de 1994 e ministro da Fazenda durante os dois mandatos de FHC) e Gustavo Franco (presidente do Banco Central de agosto de 1997 a março de 1999).

2. A desigualdade no centro da disputa: o sistema político polarizado dos anos FHC

A aliança do Real produziu uma abertura econômica do país de relevantes proporções, tanto em termos da facilidade de entrada e saída de capitais como em relação à importação de bens e produtos. A abertura econômica foi sustentada basicamente pelas altas de juros e pela taxa de câmbio. O real foi mantido por longo tempo em situação de quase paridade com o dólar, uma medida que, em sua versão mais extrema — adotada na Argentina na década de 1990 pelo governo de Carlos Menem, por exemplo —, era então conhecida como *currency board*.

A abertura econômica pretendia garantir muitos objetivos ao mesmo tempo. Colaborava no controle da inflação, pela possibilidade de importação rápida e barata de produtos que estivessem pressionando os preços (o que, por exemplo, não aconteceu durante o Plano Cruzado, que enfrentou não poucos episódios bastante graves de desabastecimento). Também atraía capitais para financiar os próprios déficits do governo, que se endividava substancialmente com as altas taxas de juros que praticava e que sustentavam, em última instância, o custo da quase paridade com o dólar. Além disso, com a exposição à competição internacional, pretendia aumentar a competitividade das empresas instaladas no país.

Empresas capazes de se reestruturar e sobreviver à competição internacional deveriam sair mais fortes. Essa seleção dos mais fortes iria revelar as verdadeiras vocações do país, as vocações regionais, como se dizia no jargão da época. Na lógica da então sempre presente globalização, cada região e país deveriam se especializar naqueles ramos em que fossem mais eficientes, em vista da divisão global da produção. O resultado esperado era um grande salto de produtividade. Mesmo que isso quisesse dizer que alguns países iriam perder boa parte de sua indústria, conseguindo apenas exportar bens primários (ditos de baixo valor agregado), enquanto outros continuariam a deter o controle da criação de produtos de alta tecnologia, de alto valor agregado.

Ao mesmo tempo, o governo FHC praticou uma ativa política de salvação de determinados grupos econômicos que nada tinha a ver com o programa neoliberal de então. Financiou a reestruturação de empresas e bancos com potencial de sobrevivência, ou simplesmente ofereceu compensações àqueles grupos econômicos com suficientes poder e representação para exigir contrapartidas por suas perdas com a mudança. Procurou evitar que se desfizessem por inteiro cadeias de produção relevantes para a economia do país, mas não se empenhou de fato nisso senão quando pressionado por grupos com alto poder de fogo político.

Para colocar a inflação sob controle, o Plano Real aumentou substancialmente a dívida pública, o conjunto de obrigações assumidas para financiar o déficit de todo o setor público (União, estados, municípios, empresas estatais, INSS, Banco Central). Medida em relação ao produto interno bruto (PIB), a dívida pública passou de um patamar de 30%, em 1994, para outro de 50%, em 2002. E isso mesmo contabilizadas todas as receitas decorrentes da privatização de grandes companhias estatais nesse período, mesmo tendo elevado de 25% para 32% a proporção de recursos arrecadados pelo Estado (sob forma de impostos, taxas etc.) em relação ao PIB, a chamada carga tributária. O processo de estabilização tal como realizado em 1994 só foi possível política e economicamente em razão da "irresponsabilidade fiscal" do primeiro mandato de FHC. O presidente que aprovou a Lei de Responsabilidade Fiscal em seu segundo mandato foi o mesmo que deixou de praticá-la em seu governo. Ao mesmo tempo, o período FHC seguiu em boa medida o programa neoliberal tal como formulado naquele momento, contrário justamente a políticas de irresponsabilidade fiscal.

Esse contraste entre medidas neoliberais e iniciativas antiliberais já mostra o quanto é ambíguo o adjetivo "neoliberal" quando aplicado ao período FHC. Em princípio, a irresponsabilidade fiscal ou o socorro a empresas incapazes de competir no mercado internacional, por exemplo, era incompatível com o programa neoliberal (sem aspas) tal como prescrito pela ortodoxia econômica. E, no entanto, ações como essas foram adotadas ao longo de todo o período. Ao mesmo tempo, muitas das políticas mais fundamentais do governo seguiam estritamente o corte neoliberal. E isso aconteceu, de maneiras diferentes, tanto no primeiro quanto no segundo mandato. Se o primeiro mandato foi marcado pela utilização de um mecanismo semelhante ao *currency board*, logo no início do segundo, após a desvalorização do real, em janeiro de 1999, foi adotado o sistema de "metas de inflação", instrumento tecnicamente mais avançado da ortodoxia neoliberal.

Contrastes como esse só podem ser compreendidos em vista do objetivo de alcançar a estabilização *tanto* do sistema econômico *como* do político. A aliança do Real produziu uma centralização dos instrumentos de política monetária e fiscal que tinha desaparecido do cenário por no mínimo dez anos. Impôs aos estados (e ao sistema político, de maneira mais ampla) um rigor e uma disciplina capazes de produzir uma subordinação e uma coordenação que pareciam não ser mais possíveis, dado o grau de fragmentação política do país. Na estabilização econômico-política do Real, a centralização dos instrumentos de política econômica no governo central e o aumento expressivo da dívida pública permitiram substituir o velho pemedebismo da década de 1980 por um novo pemedebismo, dirigido e controlado segundo as necessidades próprias de um novo pacto político.

Não se tratou, portanto, apenas da unidade ocasional de uma elite sem projeto próprio e disposta a tudo para evitar um governo Lula, como se pode dizer da eleição de Collor. A aliança do Real tratou de se infiltrar nas fraturas expostas do modelo nacional-desenvolvimentista para desmontá-lo. Submeteu a cultura política existente a uma organização bipolar. Em lugar dos dois extremos — o travamento pemedebista ou o cesarismo de Collor —, colocou a ponta-seca do compasso em um novo centro político, estabelecendo a partir daí dois polos no sistema, um liderado pelo PSDB, o outro pelo PT. Além dos aliados históricos de cada um dos lados, a regra a partir daí seria a de construir condomínios políticos "de A a Z" no interior do pemedebismo, sob a liderança do polo no poder.

Essa reorganização permitiu que a lógica da formação de superblocos de apoio ao governo permanecesse em funcionamento, em uma nova figura. Forneceu a um pemedebismo renovado novos instrumentos para blindar o sistema político contra a pressão de forças de transformação social. Não por último, porque o governo FHC foi eleito com uma plataforma de reformas constitucionais, que exigem três quintos dos votos nas duas casas do Congresso para ser aprovadas. Com isso, além da "governabilidade", a formação de um superbloco parlamentar tinha ainda uma justificação, por assim dizer, programática, a da necessidade de reformas.

Mesmo tendo se acomodado ao pemedebismo do sistema, o Plano Real colocou a política em novo patamar. A reorganização permitiu uma polarização entre situação e oposição, adensando o debate público e dando consistência aos embates políticos, ainda que os canais de expressão da oposição fossem bastante limitados, em vista da formação do superbloco parlamentar de apoio ao governo. A mudança de patamar se verificou também com o início do desmonte sistemático do nacional-desenvolvimentismo. Mas também não apenas por isso. Com a inflação sob controle, desapareceu o mecanismo mais visível de reprodução das desigualdades. A saída da inflação do primeiro plano do debate público fez com que a questão da desigualdade pudesse progressivamente ir, de fato e pela primeira vez, para o centro da agenda política.

O PRIMEIRO MANDATO (1995-8)

Logo ao assumir, Fernando Henrique Cardoso insistiu num discurso contra as volatilidades do mercado financeiro global típicas da década de 1990 e na defesa de mecanismos de regulação internacionais. Nesse momento, não só o capitalismo se torna, pela primeira vez, planetário, como se expande sob a forma de aceleradas ondas de abertura econômico-financeira. Já em julho de 1995, por ocasião de uma reunião de cúpula com o primeiro-ministro de Portugal, Aníbal Cavaco Silva, a declaração conjunta divulgada então dizia, entre outras coisas:

> O presidente Fernando Henrique Cardoso ressaltou a preocupação brasileira com a extrema volatilidade dos capitais especulativos em mercados emergentes e destacou o interesse do Brasil em

envidar esforços para o desenvolvimento de mecanismos que permitam, sem prejudicar a fluidez necessária dos movimentos de capitais a nível internacional, uma prevenção adequada de tais efeitos, mediante maior coordenação entre os Bancos Centrais e com os mecanismos financeiros internacionais.

As sucessivas crises financeiras dos anos seguintes certamente deram razão à "preocupação brasileira". E, no entanto, o discurso de FHC não deixa de causar perplexidade: como é possível denunciar uma lógica de cassino que, afinal de contas, era a própria base da política econômica e da aposta de desenvolvimento instaurada com o Real? As altíssimas taxas de juros que elevaram a dívida pública de maneira acelerada traziam para o país aqueles capitais especulativos que, por sua vez, deviam garantir o financiamento da estabilização, ancorada em abertura econômica e em uma taxa de câmbio próxima da paridade com o dólar. Se a "volatilidade dos mercados" era a própria condição de existência e de sustentação do Plano Real, como o seu representante maior pretende denunciar essa mesma volatilidade como potencialmente perniciosa, alertando contra as ameaças e contra os perigos que encerra?

A imagem usada na época para justificar a estratégia era a da bicicleta: o equilíbrio e estabilização só podem ser encontrados em movimento, no próprio movimento da bicicleta, em que o fluxo contínuo de capital externo acabaria por produzir uma reestruturação virtuosa do Estado e da economia, permitindo, enfim, superar deficiências estruturais que perduravam havia décadas. Pelo menos era o que dizia a teoria. Mas a teoria era aquela que veio com um vagalhão ideológico que se convencionou chamar de neoliberalismo, uma escora na qual se apoiou a aliança política do Real sempre que tinha de produzir um discurso coerente e propositivo para as grandes mudanças que pretendia introduzir. Não se tratava, portanto, de mera teoria, mas de um projeto econômico-político de dimensões globais.

No projeto original do governo FHC, a política de estabilização deveria engendrar, com ajuda de intervenções tópicas ou reguladoras, sua própria correção, reestruturando a economia na direção da competitividade e da superação do problema comercial externo, capacitando o parque produtivo para o novo jogo da competição global por mercados e investimentos. E se o governo FHC foi não poucas vezes contra a cartilha internacional daquele momento, se foi não poucas vezes, portanto, antiliberal na prática (donde as aspas em "neoliberal" quando me refiro ao período FHC como um todo), sua escora ideológica nunca deixou de ser a do neoliberalismo triunfante dos anos 1990.

Foi ao modo neoliberal que a lógica do Plano Real sempre se pôs como a lógica do inevitável: não há alternativa possível ao projeto de estabilização implementado. Se o plano de estabilização adotado era não apenas o único possível, mas o melhor que se podia fazer diante dessa inevitabilidade, há realmente que se reclamar da lógica desse único mundo possível a que se foi condenado. De modo que o mais interessante não está em simplesmente constatar o quanto o período FHC corresponde ao programa ideológico e político neoliberal a que se entregou de bom grado quando lhe convinha. Mais relevante para a compreensão do que se passou é tentar avaliar em que medida e de que maneira essa superfície ideológica reflete ou não os movimentos concretos da política e da economia no país nesse período.

Não é tarefa simples estabelecer uma linha de ação como "inevitável", marginalizando ou mesmo obscurecendo inteiramente outras possibilidades. Para tanto, o controle da inflação foi a princípio mecanismo eficiente e duradouro para obter amplo, difuso e desorganizado apoio popular. Mas esse apoio era insuficiente, do ponto de vista do projeto a ser implementado, sem uma aliança efetiva e eficaz com setores da elite dispostos a sair do travamento pemedebista que se arrastava por já quinze anos. Caracterizada assim, a aliança com o então PFL (posteriormente DEM) foi — literalmente — a outra face da moeda, do Real. Não por acaso, o calendário do plano de estabilização, tal como o do Cruzado antes dele, em 1986, foi orientado primeiramente para e pelo calendário eleitoral, para as eleições gerais do ano de 1994, no caso.

A aliança com o PFL indicava para o sistema político pelo menos duas coisas fundamentais: que a transformação em curso seria a mais conservadora possível; mas também que o desmonte do nacional-desenvolvimentismo era um caminho sem retorno, o que significava dizer que a envergadura e o ritmo da transformação seriam de magnitude muito maior do que a do passo habitualmente tolerada pelo pemedebismo. O pano de fundo dessas duas sinalizações era igualmente claro: a aliança do Real aceitava como incontornável o mito, gestado quando do impeachment de Collor, da necessidade de supermaiorias parlamentares para garantir a governabilidade. Com isso, abria as portas do governo a todas as forças políticas que desejassem aderir. E justificava adicionalmente essa exigência de um enorme bloco de apoio ao governo no Congresso pela necessidade de realizar reformas constitucionais relevantes, que exigem o quórum qualificado de três quintos, tanto na Câmara dos Deputados como no Senado Federal.

Do lado econômico, também a opção pelo virtual "engessamento" do câmbio desde o início do Plano Real (com a manutenção de uma quase paridade com o dólar por mais de quatro anos, de julho de 1994 a janeiro de 1999) foi pensada entre outras coisas em vista da durabilidade dessa aliança no tempo, mantendo igualmente "engessados" possíveis movimentos de resistência desestabilizadores por parte de grupos de empresas e de trabalhadores afetados pela abertura econômica.

Ocorre que o câmbio não foi apenas engessado: foi também mantido sobrevalorizado, mantido artificialmente baixo — um movimento surpreendentemente duradouro, aliás, se se toma o período pós-Real como um todo, alcançando os governos Lula e Dilma, inclusive. Para manter o câmbio sobrevalorizado é necessário atrair grandes quantidades de capital externo, garantindo um fluxo de dólares constante ao longo do tempo. O que obriga o governo, por sua vez, a oferecer altas taxas de juros. Com isso, manter o câmbio sobrevalorizado significa, em última análise, aumentar a dívida pública. Ou seja, fazer com que o conjunto da sociedade pague pela sobrevalorização (mas distribuindo desigualmente seus dividendos).

O câmbio apreciado provocou um processo de seleção artificial no parque produtivo brasileiro, financiando indiretamente a reestruturação dos mais fortes, contribuindo para a sobrevivência dos capitalizados à guerra da abertura econômica. Alguns se tornaram importadores de bens de consumo final; para outros, tornou-se mais fácil e barata a importação de máquinas e equipamentos para as plantas já instaladas, assim como menos onerosa a instalação de novas plantas para as empresas transnacionais que chegam. Aos demais restou a compensação de uma posição rentista confortável, lastreada em taxas de juros estratosféricas e em um câmbio artificialmente paritário com o dólar.

No lançamento do Real, estipulou-se que o valor da moeda nacional poderia flutuar até o limite da paridade com o dólar, no que diz respeito ao teto, podendo rolar ladeira abaixo quanto ao piso. O dólar despencou diante do real durante o segundo semestre de 1994. A baixa taxa nominal de câmbio, o mais baixo nível médio de alíquotas tarifárias de importação em décadas e o extraordinário aumento do consumo depois da estabilização provocaram, de outubro para novembro de 1994, uma virada (negativa) de mais de 1 bilhão de dólares na balança comercial, que, ao longo daquele ano, registrou saldo positivo total de pouco mais de 10,4 bilhões de dólares (com exportações da ordem de 43,5 bilhões de dólares e importações da ordem de 33,1 bilhões de dólares). Primeiro sinal da instabilidade crônica do plano de estabilização, o governo, ainda em 1994, tomou medidas de restrição ao crédito e ao consumo, iniciativas que se transformariam no primeiro pacote recessivo de salvação da moeda, já a partir de março de 1995.

A crise daquele ano — a primeira de uma série de crises anuais, que se estenderam até 1999 — foi enfrentada dentro e fora do governo segundo a ideologia neoliberal típica: a estabilização é antes de tudo um problema de "administração econômica". Nesse esquema, a política aparecia como *obstáculo* (como "irracionalidade") à "verdadeira racionalidade", a econômica, entendida nos termos do neoliberalismo econômico vigente. A visão "técnica" da política, a da "administração econômica", não fornece elementos para conceituar e explicar o zigue-zague próprio de um plano de estabilização que procurava permanentemente encontrar mecanismos para conter, organizar e direcionar o pemedebismo. O debate estrito sobre opções de política econômica oculta ou ignora as condições históricas que engendraram os próprios mecanismos do plano de estabilização.

Manter a racionalidade econômica neoliberal intacta o máximo possível era a ideologia unificadora da cúpula do governo, que acabou por impor a sua visão, colocando em posição minoritária os chamados desenvolvimentistas, integrantes do governo como José Serra ou Luiz Carlos Mendonça de Barros, que entendiam ser necessário produzir uma política industrial ativa. Concentração, centralização e relativa desnacionalização foram a política industrial negativa do programa FHC (levadas a cabo tanto pela abertura comercial como pelas privatizações dirigidas), condições necessárias da reestruturação competitiva, a qual, a não ser por medidas tópicas, deveria ocorrer de maneira automática depois do pontapé inicial da baixa de tarifas de importação. Não havia "estratégia de crescimento",[11] embora os setores industrialistas da equipe econômica do governo lembrassem, pelo menos a partir de 1996, que talvez esse processo não fosse nada natural.

O colchão da estabilização monetária ganhou a princípio apoio entusiástico do empresariado industrial organizado, que dizia estar pronto e reestruturado para enfrentar os novos tempos. Tal apoio praticamente em bloco começou a minguar depois da primeira desaceleração do crescimento industrial (meados de 1995 a meados de 1996). Em maio de 1996, os empresários, Fiesp inclusive, chegaram a promover uma marcha sobre Brasília, tentaram mesmo articular um pacto pelo emprego com a CUT, chegaram a pedir reforma agrária. A manifestação foi praticamente ignorada pelo governo; um fiasco em termos políticos e um sinal dos tempos para o baronato industrial.

Tal fracasso era também um sinal de que estava em andamento a política de salvações do programa do Real. O governo FHC fazia incursões em seções da parte mais organizada da economia industrial brasileira. Do ponto de vista de seu ideólogo econômico mais destacado, Gustavo Franco, liquidava-se a oligarquia industrial mais arcaica em um processo de "destruição criativa". Do mesmo ponto de vista ideológico — mas agora sob o seu aspecto político —, esperava-se que o Real produzisse a nova elite que iria liderar a partir dali a inserção do Brasil na economia e na política mundiais. De fato, o que se produzia era um conjunto de compensações generosas para os perdedores: crédito para quem parecia ter chances de se reestruturar, rentismo a taxas de juros estratosféricas para quem se encontrava em obsolescência irremediável.

Um dos aspectos mais significativos dessa administração miúda e pragmática do plano de estabilização pode ser visto no papel conferido ao BNDES, que em 1997 e 1998 desembolsou, a cada ano, o equivalente a mais de duas vezes o total de investimentos previstos no Orçamento da União. O banco, parte do núcleo duro da administração FHC, não apenas financiaria e de certo modo dirigiria as privatizações, subsidiando em parte a reorganização dos grandes grupos econômicos, mas também passaria, aos poucos, a auxiliar parte da reestruturação industrial. Os desembolsos do banco aumentariam significativa e progressivamente a partir de 1995, em comparação com o período 1990-4.

O setor bancário foi beneficiado em parte pelo aumento da intermediação financeira com a explosão de consumo do Real. Mas a perda de margem antes proporcionada pela inflação levou instituições financeiras corruptas, falidas e ineficientes à quebra — quebra administrada pelo programa de salvamento dos bancos em dificuldades (por meio do Programa de Estímulo à Reestruturação e ao Fortalecimento do Sistema Financeiro Nacional, o Proer) e paga pela sociedade, mas quebra. A participação do setor financeiro no PIB caiu à metade do início até o meio do mandato FHC. Nem todos foram poupados, mas os sobreviventes, vitaminados pelas fusões, aquisições e juros altos, tinham pouco do que se queixar, apesar de sempre pressionados pela ameaça da caneta presidencial, que, segundo a discrição constitucional que lhe cabe, foi decidindo aos poucos o grau de participação de bancos estrangeiros no mercado nacional.

A produção da inevitabilidade do Plano Real exigiu ainda uma severa restrição de movimentos da contraparte organizada da sociedade que se opunha ao projeto. Nesse sentido, a repressão à greve dos petroleiros em 1995, em que tropas do Exército ocuparam as refinarias da Petrobras, teve caráter exemplar: tratou-se de mostrar que seria punida com rigor qualquer tentativa organizada de protesto e de negociação política que não se pusesse nos limites controláveis do Congresso Nacional. O processo restante de desorganização social foi levado a cabo, no caso do emprego privado, pelas altas taxas de desemprego nas bases sindicais mais organizadas e, no caso do emprego público, por uma política salarial restritiva e por uma repressão sistemática aos eventuais movimentos de resistência do funcionalismo federal. Da mesma forma, o programa da aliança do Real também combateu o quanto e como pôde a oposição extraparlamentar (especialmente o MST, o Movimento dos Trabalhadores Rurais sem Terra, intensamente ativo durante todo o período FHC), os representantes dos excluídos (para usar o termo então em voga) do mercado nacional, do reconhecimento social e do "consenso" da estabilização.

Para isso, contou não apenas com o suporte de setores relevantes da elite, mas com apoio popular difuso, resultado do controle da inflação e da melhoria da renda média, em especial dos mais pobres, em contraste agudo com os horrores dos anos Collor. Na metade do primeiro mandato de FHC, a taxa de pobreza no Brasil era uma das mais baixas nos quarenta anos anteriores, embora a distribuição da riqueza continuasse profundamente desigual.

A produção do inevitável exigiu ainda um pacto com o sistema político em sentido mais amplo, para além da aliança inaugural com o então PFL. É certo que, em ambiente caracterizado pelo pemedebismo, apoio formal jamais se traduz em apoio efetivo, de modo que é preciso sempre relativizar qualquer consideração meramente quantitativa da base parlamentar. Mas, com uma base aliada que, pelo menos formalmente, chegou a três quartos das cadeiras na Câmara e no Senado, o governo FHC tinha plenas condições de enfrentar as batalhas impostas pela necessidade das reformas, pela aprovação das emendas constitucionais que iriam desmontar o nacional-desenvolvimentismo. O governo FHC utilizou toda a popularidade de uma presidência em início de mandato e responsável pelo primeiro plano de estabilização econômica duradouro para realizar esse desmonte.

O marco da série de reformas do capítulo econômico da Constituição foi a quebra do monopólio da Petrobras, no início do governo, em junho de 1995. Mas, do ponto de vista da continuidade do projeto do Real, a reforma constitucional mais significativa foi a que permitiu a reeleição para cargos executivos em todos os níveis, ocorrida em 1997. Foi essa novidade que estendeu o horizonte da aliança do Real e do próprio plano de estabilização, já que permitiu a FHC se apresentar novamente na eleição presidencial de 1998, que veio a vencer em primeiro turno, como já tinha acontecido em 1994. Mesmo com a série de denúncias que ficaram conhecidas sob o nome de compra de votos para a reeleição, a emenda foi promulgada e nenhum questionamento junto ao STF prosperou.

A partir de 1993, os canais de expressão das forças de oposição, lideradas pelo PT, foram se estreitando. A força das ruas, que tinha estado presente no movimento pelo impeachment de Collor, foi substituída pouco a pouco pelo clamor da opinião pública. E a opinião pública foi substituída pela opinião da grande mídia. Para conseguir quebrar a blindagem do governo no Congresso, era necessário produzir campanhas intensivas de denúncias vocalizadas pela mídia.

As forças de oposição cuidavam de traduzir as campanhas midiáticas em termos de ações institucionais: criação de CPIs, ações no STF, mobilizações e manifestações de protesto localizadas e limitadas. Durante um bom tempo, especialmente ao longo do governo FHC, o MST foi o único que conseguiu realizar mobilizações de massa que confrontaram o sistema político. Mas mesmo o MST dependia da mídia para projetar e difundir suas ações.

Mudanças só vinham com "escândalos", que são difíceis de produzir porque exigem exposição contínua dos fatos denunciados, com desdobramentos e acréscimo constante de novos elementos. E, sobretudo, porque dependiam do filtro da grande mídia do país, altamente oligopolizada. Com o tempo, mesmo esse já limitado recurso denuncista de cobrança perdeu força. O PT reorientou sua estratégia e passou a dar prioridade absoluta à conquista do poder federal, à eleição de Lula.

A partir do governo FHC, poucas denúncias de fato prosperaram a ponto de se tornarem escândalos e provocar mudanças significativas. A produção de escândalos passou a depender de enfrentamentos abertos entre forças políticas aliadas. Denúncias só iam em frente e tinham consequências institucionais quando feitas em disputas públicas entre aliados. Mesmo o recurso a CPIs se tornou problemático. Para bloquear esse instrumento de denúncia, o próprio governo estimulava a criação de CPIs de fachada, de maneira a atrasar aquelas investigações que considerava de fato indesejadas. Se esse recurso não se mostrava possível, procurava monitorar os trabalhos da própria CPI indesejada de maneira a controlar danos.

A aprovação da emenda da reeleição provocou uma importante mudança na tática eleitoral da oposição, liderada pelo PT. Posta a recandidatura de FHC, o discurso de oposição já não se dirigia contra o processo de estabilização do Plano Real, mas contra sua forma de implementação. Na eleição presidencial de 1998, o candidato Lula defendeu, por exemplo, uma proposta de privatização do sistema de telecomunicações alternativa àquela estabelecida por um dos mais importantes e influentes ministros do governo FHC, Sérgio Motta, que veio a falecer em abril de 1998, antes que o processo de privatização da área fosse completado. A proposta alternativa feita pelo PT pretendia manter a então Telebras sob controle estatal, com o novo nome de Brasil Telecom, introduzindo paulatinamente a competição no mercado. Um modelo semelhante ao que tinha sido adotado no caso da privatização da telefonia na Alemanha, pouco tempo antes.

Do ponto de vista do programa de privatizações, o enfrentamento crucial se deu no caso da venda da Companhia Vale do Rio Doce, gigante mundial da mineração. Como o controle estatal da empresa não estava inscrito no texto da Constituição, não foi necessário passar pelo Legislativo. Mas nem por isso a batalha política foi menos intensa, tanto na discussão pública como no enfrentamento jurídico e nos protestos e tentativas de impedir a realização do leilão das ações da empresa em poder do Estado. Batalhas semelhantes, mas sem a mesma intensidade, foram travadas no caso de outras privatizações, em especial da Embraer e de bancos estaduais, rubrica em que se destaca a privatização do Banco do Estado de São Paulo S.A. (Banespa). Não deixa de ser importante lembrar que ensaios de privatização e privatizações de companhias menos destacadas já tinham sido realizados durante os governos Collor e Itamar.

Ao se aliar ao PFL e, posteriormente, a quem mais estivesse disponível, o governo FHC estabeleceu um campo de forças em que ao PT só restariam duas possibilidades: permanecer indefinidamente na oposição ou fazer um movimento em direção ao pemedebismo próprio do sistema político, com uma nova e mais flexível estratégia de alianças. Se permanecesse em oposição inflexível, o PT estaria afastado do poder, fosse por um longo período, fosse indefinidamente, mas garantindo com isso a polarização necessária para manter a estrutura fundamental do novo sistema. Se, ao contrário, o PT fizesse o movimento em direção ao pemedebismo, também a continuidade do novo arranjo deveria estar de alguma maneira garantida, já que significaria a aceitação da lógica do Plano Real e seu novo padrão de desenvolvimento econômico subordinado para o país.

Junto com essa organização bipolar em torno do centro político, veio uma redefinição do próprio sentido do centro. Além da base democrática comum, o Plano Real impunha um cardápio que constava de pelo menos três pontos fundamentais: não desafiar a lógica dos "mercados"; não permitir que a dívida pública saia do controle; e manter a inflação em um patamar aceitável por meio de altas taxas de juros. Em termos sociais, isso tinha como consequência que toda e qualquer tentativa distributiva ou compensatória seria a partir dali marginal e incremental, a manutenção de altas taxas de juros garantindo também a persistência de um padrão desigual de redistribuição, em que a renda e a posição relativa dos estratos mais ricos ficariam preservadas.

Depois da aliança inaugural com o PFL, em 1994, a operação política mais importante realizada pelo governo FHC foi trazer parte substancial do PMDB para sua base de apoio. Essa operação de grande envergadura teve dois movimentos principais, complementares e simultâneos: enfraquecer dentro do partido o polo dos governadores e fortalecer o seu polo parlamentar. Até o Plano Real, os governadores de estado se colocaram como importantes gerentes do condomínio político brasileiro. O governo FHC marca o seu progressivo ocaso, movimento que se acentuou durante o governo Lula. Um sinal interessante dessa virada é que nem FHC, nem Lula, nem Dilma Rousseff exerceram o cargo de governador antes de conquistar a presidência. E também isso é uma grande novidade na história política do país.

O primeiro movimento de neutralização da política dos governadores realizado pela aliança do Real veio com a própria estabilidade da moeda, que teve um efeito devastador sobre a dívida pública. Sem o permanente adiamento representado pela inflação, os governadores se viram em dificuldades orçamentárias intransponíveis e, por outro lado, encontraram no governo federal um duro negociador na reestruturação das dívidas estaduais. A renegociação das dívidas dos estados não resultou apenas em uma significativa e duradoura limitação orçamentária: representou ainda uma dependência financeira extrema dos governadores em relação ao governo federal.[12] Além disso, como efeito secundário de grande relevância, os recursos poupados por estados e municípios para pagamento de suas dívidas representaram a garantia de um patamar mínimo significativo no esforço de produção do superávit primário, que representa uma receita superior ao que é gasto pelo governo, sem contar despesas com juros e com a correção monetária da dívida pública. A produção de superávit primário é fundamental para que a dívida pública não saia do controle. Esse esforço, mantido desde 1995, pretende impedir que a dívida pública cresça de maneira descontrolada.

O segundo movimento foi concomitante. Até 1994, os estados tinham relevantes instrumentos de política monetária, principalmente por meio dos bancos estaduais, que influíam decisivamente na quantidade de moeda em circulação, no crédito e na formação da taxa de juros. Conjugada ao caos inflacionário, a pulverização desses recursos de política monetária bloqueava uma efetiva unidade e coordenação por parte do governo central, que nem sequer dispunha de dados confiáveis para elaborar uma política nacional. Do lado da política fiscal a dificuldade não era menor. A administração de receitas e despesas do setor público era muito pouco transparente não só porque era difícil ter uma visão de conjunto dos impostos e taxas estaduais, mas também porque o controle sobre a emissão de títulos de dívida pelos estados, por exemplo, era bastante precário.

Ao retirar do âmbito dos estados a maior parte desses instrumentos de política fiscal e monetária habituais no período inflacionário, o governo federal garantiu o monopólio da irresponsabilidade fiscal, passando a centralizar e efetivamente controlar a política econômica como um todo. Praticou a mesma irresponsabilidade que negou aos estados. Não por acaso, foi o tempo mais quente da chamada guerra fiscal, em que os governos estaduais lançaram mão dos parcos e únicos recursos que lhes restavam para competir entre si por novos investimentos, oferecendo em troca isenções e benefícios tributários e fiscais.

A concentração dos principais instrumentos de política fiscal e monetária nas mãos do governo federal foi essencial para neutralizar essa que foi uma das principais fontes de alimentação da dominância do pemedebismo na década de 1980. E seu episódio inaugural e mais marcante ocorreu antes mesmo da posse de FHC como presidente: a intervenção no Banespa, realizada às vésperas da posse como governador do estado do até então principal líder do próprio PSDB, Mário Covas. "Cortando na própria carne", fazendo do até então principal líder de seu partido um "exemplo", o governo FHC abriu uma frente de guerra com os governadores. Mas estes não tinham mais condições de reagir: estavam afundados em dívidas e não podiam enfrentar um governo central agora detentor do monopólio da política econômica.

Além disso, o governo FHC atraiu os parlamentares do PMDB para sua base de apoio, fortalecendo o polo parlamentar, ao qual pretendia submeter o dos governadores. Cortou o vínculo de sobrevivência política que se havia estabelecido desde a década de 1980 entre os parlamentares e os governadores dos estados pelos quais tinham sido eleitos, passando a negociar diretamente com os parlamentares, sem passar pelos governadores. Com isso, os embates internos do PMDB se transformaram em disputas entre situação e oposição em relação ao governo.

O episódio emblemático dessa nova configuração partidária se deu na convenção de 1998, que decidiu sobre a candidatura à eleição presidencial daquele ano. Tendo-se refiliado ao PMDB com intenção de concorrer à presidência, Itamar Franco foi à convenção como candidato do polo dos governadores. O governo

FHC colocou todos os instrumentos à disposição do partido para impedir a candidatura. Marcada por enfrentamentos físicos entre grupos rivais, a convenção do PMDB de 1998 decidiu não lançar candidato a presidente. Com isso, selou indiretamente sua aliança com o governo FHC.

Esse episódio é emblemático também porque foi o marco inicial de um progressivo predomínio do polo parlamentar sobre o dos governadores dentro do PMDB. Se esse predomínio só se estabeleceu definitivamente a partir de 2006, ainda no primeiro mandato do governo Lula, é fato também que o governo FHC teve a seu lado a maioria dos parlamentares do PMDB durante todo o período. Destaca-se aqui, sem dúvida, a figura de Michel Temer, artífice dessa transição de poder dentro da máquina partidária. Presidente da Câmara dos Deputados por nada menos que três vezes (sob FHC e sob Lula) e igualmente presidente do PMDB, Temer foi o candidato a vice na chapa vitoriosa de Dilma Rousseff, na eleição presidencial de 2010.

Esse movimento simultâneo de atração do PMDB para a base do governo e de intervenção em sua correlação de forças interna é ilustrativo de um movimento ainda mais amplo, uma espécie de parlamentarismo informal que se revelou não apenas no preenchimento de cargos, mas também na formação dos colegiados com poder de decisão. Ou seja, tirar poder dos governadores e fortalecer o Parlamento significou tanto estabelecer o monopólio da política econômica no governo central como, ao mesmo tempo, indicar o Congresso como instituição privilegiada da negociação política.

Em conformidade com a política de acomodação com o pemedebismo, mas garantindo seu direcionamento para um novo modelo de desenvolvimento, o governo FHC realizou em concomitância um processo de concentração da representação política, antes relativamente dispersa em vários níveis e instituições de governo. Grupos sociais organizados passam a dirigir primordialmente suas demandas ao Congresso, que passou a ser efetivamente responsável por parte relevante da mediação política. Ou seja, ao contrário daqueles que, desde a promulgação da Constituição de 1988, simplesmente lutaram contra o Congresso, Fernando Henrique passou a utilizar o Parlamento também como escudo, conferindo a ele o papel de arena legítima para o gerenciamento daqueles conflitos que não colocavam em risco o plano de estabilização. O que, não por acaso, foi acompanhado de uma mudança emblemática, de um impressionante incremento do chamado Fundo Partidário, mediante lei aprovada em 1995. A lei estabeleceu que o Fundo Partidário deveria receber recursos orçamentários públicos nunca inferiores a 35 centavos de real por eleitor inscrito em 31 de dezembro do ano anterior. De seu valor total, 5% deveriam ser divididos igualmente por todos os partidos regularmente registrados na Justiça Eleitoral, e os 95% restantes proporcionalmente ao número de votos alcançado por cada partido na última eleição geral para a Câmara dos Deputados. Com isso, se, em 1995, os recursos totais do Fundo tinham sido da ordem de 2,3 milhões de reais, em 1996 eles foram elevados para 47,5 milhões de reais. Uma elevação dessa ordem de grandeza não mais ocorreu em anos subsequentes, mesmo que o patamar tenha sido mantido (a correção anual dos valores provenientes do Orçamento, somados a outros recursos financeiros autorizados por lei, levou a uma distribuição total, em 2012, da ordem de 350 milhões de reais, por exemplo).

É certo que a aliança do Real estava, de certa maneira, amarrada de saída ao Congresso, já que dependia de reformas constitucionais para implantar seu projeto, o que exigia alcançar o duro requisito de três quintos dos votos, em dois turnos de votação, tanto na Câmara dos Deputados como no Senado Federal. Mas o fato mesmo de alcançar tal marca exigente de votos — o que, em ambiente pemedebista, está longe de ser óbvio — indica claramente que o desmonte do nacional-desenvolvimentismo havia se imposto como inevitável para o sistema político.

Não é casual que o projeto de reformas constitucionais se coadune perfeitamente com a ideologia da governabilidade, da suposta necessidade de supermaiorias parlamentares, estabelecida a partir do impeachment de Collor. Essa figura típica do pemedebismo a partir dos anos 1990 provocou também uma mudança importante na relação entre Legislativo e Executivo. Pois uma supermaioria parlamentar é também um convite para um processo de chantagem permanente entre grupos dentro da própria base de governo: determinados grupos da base podem se eximir de apoiar certas iniciativas que julguem eleitoralmente prejudiciais, ou podem aproveitar a oportunidade para renegociar suas posições dentro do próprio governo.

Por fim, a aprovação de reformas constitucionais relevantes não dizia respeito apenas a possíveis incertezas que viriam com questionamentos ao STF das medidas necessárias à estabilização nos moldes estabelecidos em 1994, mas visava também conquistar apoio social difuso para o projeto, de maneira mais ampla. Ou seja, assim como o Real foi o primeiro plano de estabilização realizado à luz do dia, em comunicação diária com a população durante vários meses, também era preciso encontrar respaldo social amplo para as alterações constitucionais que envolviam sua implementação.

Tudo isso sem esquecer ainda de outros elementos importantes de controle do sistema político: os poderes legislativos da presidência (com destaque para o instituto da medida provisória, a MP), uma distribuição de poder interna ao Congresso que favorece os líderes dos partidos e a presidência da Câmara e a do Senado,[13] e o tradicional loteamento da máquina pública. De posse desses instrumentos, o governo FHC pôde implantar uma estratégia de gerenciamento político em que demarcou previamente os limites das negociações no Legislativo, excluindo, de um lado, o cerne do plano de estabilização e, de outro, concentrando no Congresso os procedimentos de sintonia fina, as compensações, negociações ou recuos das iniciativas tomadas, incluindo-se aí a barganha partidária e os movimentos dos diversos lobbies ali representados.

No que diz respeito ao gerenciamento de sua política central, submetida às orientações do núcleo duro de governo, o recurso às MPS foi sem precedente. A parte fundamental, majoritária das normas que definiram a política econômica ou as pacificações político-econômicas necessárias à administração pragmática das insuficiências do Real, constituiu-se por meio da extensa intervenção regulatória das MPS. Note-se, entretanto, que, já a partir do período FHC, as edições e reedições de MPS passaram a ser em geral negociadas com parlamentares e grupos interessados, o que, na prática, alterou substancialmente o uso desse instituto, conferindo-lhe novo sentido.

O verdadeiro pêndulo da aliança do Real é o que vai das exigências (em sentido amplo) do gerenciamento da estabilização a um Parlamento investido (com as severas limitações já apontadas) do poder de regulação de interesses. Trata-se de um cabo de guerra em que ora um lado, ora o outro, avança ou recua, ganha ou perde terreno. Mas toda a estratégia se perderia sem um dos lados da corda. Os "políticos desabridos" de um Congresso Nacional investido de poder legítimo para negociar fatias do fundo público para os interesses que representam é parte tão integrante do modelo de gestão de FHC quanto os "técnicos sensatos".

O projeto da aliança do Real de dar direção e sentido ao pemedebismo tinha como pilar fundamental estabelecer certo "cordão sanitário" em relação a determinadas áreas da administração e do governo. Essa tática se revelou possível não apenas em razão do sucesso do plano econômico. Ao menos parte do cordão de isolamento foi montada com base na coincidência, nem um pouco casual, entre a lógica do plano econômico e o programa neoliberal em voga nos anos 1990. Com a privatização de companhias estatais e a concessão de serviços públicos a companhias privadas, diminuiu também o espaço do Estado na economia e ficou menor o butim a ser distribuído entre os partidos de funcionamento pemedebista, ajudando ainda na estabilização, pelo aporte de recursos adicionais resultantes de privatizações e concessões de serviços públicos.

A manutenção da taxa de câmbio em estado de quase paridade com o dólar foi vendida e comprada como pilar de sustentação inegociável do plano de estabilização. O engessamento do câmbio se pôs como barreira intransponível contra pressões por parte dos perdedores manifestos do ajuste. Destruiu na prática as bases para a utilização de políticas nacional-desenvolvimentistas clássicas, como a da substituição de importações, por exemplo. Como representante de setores nacional-desenvolvimentistas tradicionais, o pemedebismo se viu confrontado com a inevitabilidade do desmonte do modelo e teve de se adaptar à nova situação. A partir daí, o pemedebismo estava limitado ao balcão das compensações caso a caso, aos acertos de bastidores.

A nova lógica de gerenciamento político exigiu ainda o deslocamento para o núcleo de governo de uma série de quadros, tanto da elite da burocracia estatal (com destaque para quadros do Itamaraty) como de fora da burocracia brasiliense (especialmente do mercado financeiro), comprometidos com as teses fundamentais da estabilização. Nisso foi favorecida pela maré montante do neoliberalismo e, em especial, pelo poderio do mercado financeiro, importante fornecedor de quadros, ideólogos e financiadores. Isso não significa de modo algum que não havia divergências no interior da equipe. Mas é fato que a ala liberal venceu as disputas decisivas ao longo do primeiro mandato de FHC.

O cordão sanitário foi estendido para abranger todos os setores estratégicos do gerenciamento macroeconômico (em sentido amplo) e de uma precária política industrial, incluída aí a administração pública. Mas enumerar esses setores significa nada menos que dizer: Ministérios da Fazenda, Planejamento, Administração e Reforma do Estado, Banco Central, Tesouro Nacional, Banco do Brasil e Caixa Econômica Federal, Câmara de Comércio Exterior, Banco Nacional de Desenvolvimento Econômico e Social e ainda o Conselho Administrativo de Defesa Econômica. Note-se ainda que também o Ministério da Educação, ocupado durante os oito anos de mandato por Paulo Renato Sousa, foi considerado desde o início parte integrante desse núcleo duro, assim como a nomeação de José Serra para a pasta da Saúde no último ano do primeiro mandato. Essa linha de atuação, de construir um cordão sanitário, continuou durante o governo Lula. Não por acaso, ficaram como "marcas sociais" do período FHC a criação do Fundo de Manutenção e Desenvolvimento do Ensino Fundamental e de Valorização do Magistério, o Fundef, e a introdução efetiva dos medicamentos genéricos, além da ampliação do Programa Saúde da Família.

O SEGUNDO MANDATO (1999-2002)

O fim da primeira versão do programa neoliberal veio em janeiro de 1999, com a desvalorização acentuada do real frente ao dólar, mostrando que a estabilização em uma versão próxima ao modelo do *currency board* era insustentável ao longo do tempo, acarretando um crescimento da dívida pública que se colocava em um círculo vicioso. Após a desvalorização, Gustavo Franco deixou a presidência do Banco Central, sendo substituído por Armínio Fraga, depois de uma breve interinidade de Francisco Lopes. Do ponto de vista da equipe econômica, a continuidade foi garantida pela permanência de Pedro Malan à frente do Ministério da Fazenda, posição que ocupou durante os oito anos de mandato de FHC.

O novo presidente do Banco Central, Armínio Fraga, introduziu o sistema de metas de inflação, caracterizado não apenas pela meta a ser alcançada em cada ano fiscal — estabelecida pelo Comitê de Política Monetária e podendo variar em dois pontos percentuais para cima ou para baixo —, mas também pelo câmbio flutuante e por um exigente objetivo de superávit primário. O sistema de metas não foi implantado no Brasil em sua versão "pura", que prevê a independência formal do Banco Central.

O sistema de metas representa um momento de apogeu técnico do neoliberalismo, servindo de instrumento de coordenação de diferentes elementos da abertura econômica de dimensão planetária dos anos 1990. É o resultado direto das sucessivas crises financeiras globais, de 1994 a 1999, crises quase sistêmicas, que ameaçaram a própria abertura econômica em nível planetário. Seu desenvolvimento correspondeu à última fase do período conhecido na bibliografia econômica ortodoxa como Grande Moderação (1985-2007), ao qual se seguiu, a partir de 2007-8, com a crise econômica mundial, o período da Grande Recessão.

Com a implantação do sistema de metas, a moldura ideológica neoliberal não desapareceu do período FHC, mas tomou nova roupagem. Sumiu do horizonte a meta da conversibilidade do real e veio para o centro das elaborações teóricas a questão histórica das altas taxas de juros, o que, nesse novo quadro, se conjuga ao problema de taxas de inflação também historicamente altas em comparação com o padrão internacional. O objetivo passou a ser, então, tentar estabelecer metas cada vez mais baixas, de modo a aproximar as taxas de inflação daquelas observadas nos países centrais. Ao mesmo tempo, as elaborações teóricas passaram a se concentrar em aspectos institucionais e regulatórios que seriam responsáveis pela anomalia das taxas de juros nacionais, resumidas em teses como a de uma suposta "incerteza jurisdicional" das instituições do país.[14]

Os desequilíbrios resultantes de uma prolongada apreciação cambial (1994-9) e de uma abrupta desvalorização (em janeiro de 1999) mostraram que o objetivo de baixar progressivamente as metas de inflação era, de fato, apenas teórico. A discussão já tinha então se deslocado para o problema que ficou conhecido sob a rubrica da vulnerabilidade externa. Nos termos em que a discussão havia se colocado ainda no primeiro mandato de FHC: quando exposto ao vírus cambial, um organismo fragilizado pela abertura comercial e financeira mal administrada passa a sofrer da doença crônica do déficit externo.

A abertura econômica do Real aboliu o estrito controle de capitais do modelo nacional-desenvolvimentista e instaurou o livre fluxo de capitais. Com isso, conseguiu financiar com capital externo a manutenção da quase paridade da moeda com o dólar. Mas se tornou dependente de influxos constantes de capital externo para financiar seu déficit. Em uma situação de fuga em massa de capitais (como as que ocorreram nas diversas crises), o país necessita de um substancial colchão de reservas em moeda estrangeira, suficiente para fazer frente às retiradas de capital externo. Na ausência de um colchão de reservas como esse, só resta ao país elevar ainda mais suas taxas de juros, na esperança seja de evitar a fuga de capitais, seja de atrair novos capitais para financiar o sangramento de reservas, que se dá na velocidade de um clique. Ocorre que a elevação continuada das taxas de juros aumenta o déficit, em um arriscado círculo vicioso.

A medida defensiva mais importante tomada nesse campo no período FHC foi a transformação da dívida externa do setor público em dívida interna. Não estando em condições de criar um colchão de reservas suficiente e não tendo controle sobre os fluxos globais de capitais, uma das maneiras de reduzir a vulnerabilidade externa é oferecer títulos públicos a taxas de juros elevadas, mas denominados em reais. A medida visa trocar financiamento externo por financiamento interno, garantindo maior controle sobre o gerenciamento da própria dívida. Foi assim que, em 1993, a dívida interna representava 18,8% do PIB, enquanto a externa representava 14,4% do PIB; já em 2002, a dívida interna passou a representar 41,2% do PIB, enquanto a externa permaneceu praticamente estável, em 14,3% do PIB. Essa tendência não só prosseguiu como se aprofundou no período Lula: já em 2005, a dívida interna representava 49% do PIB, enquanto a externa figurava em 2,6% do PIB. A dívida externa foi praticamente zerada no segundo mandato de Lula e, em fevereiro de 2008, o país passou da posição de devedor à de credor do FMI.

A última reforma constitucional de peso aprovada no período FHC foi a reforma da Previdência, em 1998, realizada logo após a sua reeleição. Juntamente com a introdução do sistema de metas de inflação, a aprovação da chamada Lei de Responsabilidade Fiscal, em abril de 2000, foi a grande novidade do segundo mandato de FHC. Essa lei estabelece limites para gastos com pessoal para os três poderes e para os três entes federativos, proíbe expressamente o refinanciamento das dívidas de estados e municípios; exige que toda nova despesa prevista, com duração superior a dois anos, tenha indicada a sua fonte de financiamento própria; restringe as despesas e exige o equilíbrio de contas no último ano de mandatos executivos, entre outras providências.

A Lei de Responsabilidade Fiscal teve papel importante na continuidade do processo de concentração monopolística da política econômica nas mãos do governo central, que neutralizou o poder dos governadores, permitiu efetivo controle das contas públicas, fortaleceu o Parlamento como instância de ajustes (isto é, como instância de veto e de negociação de compensação por perdas) e, não por último, concedeu ao governo central o monopólio da irresponsabilidade fiscal e da resposta rápida a crises no gerenciamento da estabilização. Sobretudo, congelou uma repartição orçamentária desigual entre os níveis da Federação, concentrando na União não só parte substancial dos recursos, mas igualmente o poder de controlar, no tempo, os repasses constitucionalmente devidos a estados e municípios, que operam, por sua vez, comparativamente, dentro de margens de manobra bem mais estreitas.

Esse processo de congelamento das desigualdades orçamentárias correspondeu a um equilíbrio das contas públicas em que estados e municípios negociaram suas dívidas em condições duríssimas. Enquanto isso, a União, vitaminada por recursos oriundos de privatizações e concessões e, principalmente, do expressivo aumento da carga tributária (que, entre 1993 e 2002, saiu de um patamar de 25% para outro na casa dos 32%), passou a deter de fato, pela primeira vez desde o declínio da ditadura, supremacia orçamentária. É certo que essa posição de força na relação entre os entes federativos não pôde ser utilizada em todo o seu potencial durante o período FHC, já que os custos do ajuste tal como realizado consumiram de fato a quase totalidade dos recursos, e o crescimento do PIB não foi suficiente para aumentar a margem de manobra. Mas, ainda que em um contexto de grande restrição, foi essa supremacia orçamentária que a aliança do Real usou para iniciar um processo de estabilização, tanto econômica como política, que tinha desaparecido do horizonte desde os anos 1980.

Além disso, no momento de sua promulgação, a Lei de Responsabilidade Fiscal parecia colocar um ponto final (legal, pelo menos) em qualquer tipo de política econômica alternativa, como as do tipo keynesiano, ditas anticíclicas. Em situação de crise, esse tipo de política preconiza que o Estado aumente o investimento, em lugar de se retrair com o conjunto da economia, produzindo uma saída da crise mais rápida e menos dolorosa em termos sociais. Com a economia novamente em crescimento, o Estado poderia, então, restabelecer o equilíbrio de suas contas. Políticas econômicas de inspiração keynesiana têm um horizonte temporal de médio e longo prazo, não considerando desequilíbrios orçamentários de curto prazo como indicadores definitivos ou decisivos.

Que, no segundo mandato de Lula, o governo tenha lançado mão de políticas de tipo keynesiano, especialmente após o início da crise econômica mundial de 2007-8, explica-se uma vez mais pela continuidade do processo de concentração nas mãos do governo central do monopólio da política econômica e de uma massa de recursos desproporcional relativamente aos estados. De certa forma, a Lei de Responsabilidade Fiscal congelou em favor da União todos os sucessivos aumentos da carga tributária de 1994 a 2008, que ficou com a parte mais importante dele. Além disso, no caso do governo Lula, o extraordinário crescimento da atividade econômica, puxado por altas expressivas nos valores de exportação (bens primários, fundamentalmente), resultou em significativos aumentos na arrecadação de impostos e taxas.

Não é casual que a aprovação da Lei de Responsabilidade Fiscal tenha se dado no ano 2000. O segundo mandato de FHC foi marcado por três crises de grandes proporções: a desvalorização de 1999, o Apagão de 2001 e a crise do câmbio em 2002 — esta já não em decorrência da insustentável leveza do real nos seus primeiros quatro anos de existência, mas em razão da "incerteza" representada pela eleição de Lula, o que obrigou o país a recorrer novamente ao FMI. O ano 2000 foi o único, portanto, em que não ocorreu uma crise de grandes proporções durante o segundo mandato de FHC. É de notar ainda que, já em meados de 2000, a economia dava sinais de recuperação e de crescimento robusto, parecendo ter se readaptado bem e rapidamente à nova taxa de câmbio e à nova política econômica baseada no sistema de metas de inflação.

Afastado o risco de insolvência e já sem o engessamento do câmbio, os setores sobreviventes da destruição criativa à brasileira estavam prontos para aproveitar a nova vantagem competitiva representada pela desvalorização cambial, tendo se adaptado rapidamente aos novos termos de troca, mais favoráveis. Mas, já no primeiro semestre de 2001, revelou-se por inteiro o colapso do sistema de abastecimento de energia elétrica que dizimou a recuperação em curso e que se estendeu praticamente até o início da campanha eleitoral de 2002, quando o "risco político" de uma vitória de Lula levou a novo descontrole do mercado cambial, a uma nova situação de quase insolvência do país em dezembro do mesmo ano.

Em 2001, uma importante articulação política de esquerda em nível global concretizou-se sob a forma do Fórum Social Mundial, sediado na cidade de Porto Alegre, prefeitura-modelo do PT. Criado como contraponto ao Fórum Econômico de Davos — encontro anual, na cidade suíça, da cúpula do empresariado e da finança mundial —, o Fórum Social Mundial representou importante amplificador das forças oposicionistas lideradas pelo PT, tanto em nível interno como externo.

Esse quadro geral mostra por que, em seu segundo mandato, FHC esteve praticamente o tempo todo na defensiva. Já não se tratava de prosseguir com a agenda de reformas liberalizantes, de reformas estruturais, privatizações e outras medidas que exigiriam a aprovação de emendas constitucionais, mas tão somente de administrar a crise trazida pela própria lógica do Plano Real em sua forma de implementação nos seus primeiros anos de existência. E, evidentemente, de impedir qualquer forma de regressão ao modelo nacional-desenvolvimentista.

Fazendo coincidir, sempre que necessário, a agenda de reorganização do sistema político com a agenda neoliberal dos anos 1990, o governo FHC foi antiliberal, ao longo de seu primeiro mandato, no que diz respeito à dívida pública. Mas a irresponsabilidade fiscal do primeiro mandato cobrou a conta no segundo. A magnitude da crise de 1999 fez com que o governo, agora sim, ficasse refém da cartilha neoliberal, tendo pouca ou nenhuma margem de manobra em relação a suas imposições. Fosse por pressão direta do FMI (do qual o país emprestou 40 bilhões de dólares à época), fosse por pressão indireta dos chamados mercados (já que o Brasil tinha se colocado em uma posição de alta vulnerabilidade externa em todo o período), o sistema de metas de inflação foi implantado em uma versão em que a taxa de juros tinha destaque incontestável, tendo chegado a impensáveis 45% ao ano em 1999.

Ao mesmo tempo, essa mudança acirrou as disputas no interior do núcleo governamental entre aqueles que desde o início se posicionaram contra a sobrevalorização do real (e que foram chamados de desenvolvimentistas) e os representantes do novo sistema de metas de inflação (ditos monetaristas, liberais ou ortodoxos). E, uma vez mais, a derrota coube aos desenvolvimentistas, que pretendiam introduzir mecanismos positivos de política industrial. E isso não apenas porque um escândalo, ainda em 1998, envolveu a figura central desse grupo, o então ministro Luiz Carlos Mendonça de Barros (absolvido de todas as acusações pela Justiça quase dez anos depois), que acabou pedindo demissão do cargo, mas também porque a margem de manobra do governo nesse momento com relação ao programa neoliberal ortodoxo já se encontrava bastante diminuída. Ou seja, o governo FHC foi tanto mais ideologicamente dependente do neoliberalismo quanto menos autônomo em termos de recursos orçamentários.

Em termos sociais, isso significou uma radical redução da margem de recursos públicos para a implementação de políticas ativas de indução ao crescimento ou mesmo para políticas sociais compensatórias. Por outro lado, a manutenção de altas taxas de juros garantiu a preservação da renda dos estratos mais ricos e o próprio padrão desigual de distribuição de renda vigente no país. Foi esse o preço pago pelo controle da inflação no quadro estabelecido pelo Plano Real: um substancial crescimento tanto da dívida do setor público como da carga tributária. E, no segundo mandato, sem as consequências positivas que se tinham visto nos primeiros anos de vigência do plano de estabilização.

Em um quadro como esse, seria de esperar certa desagregação da base de apoio partidária ao longo do segundo mandato de FHC. E ela de fato ocorreu. Mas, ainda que já bem perto do final do mandato, essa desagregação deu-se de maneira bastante desorganizada. E isso apesar de a candidatura de Lula ainda não se apresentar naquele momento como real alternativa para o pemedebismo próprio do sistema. Porém a desagregação se deu por força de diferentes movimentos, em diferentes momentos.

O primeiro sinal grave de dissonância na base aliada ocorreu ainda no final de 2000, quando o senador pela Bahia Antônio Carlos Magalhães (ACM), do então PFL, acusou publicamente o presidente do Senado, Jader Barbalho (PMDB, Pará), de fraudes na Superintendência de Desenvolvimento da Amazônia e de participação em desvios de recursos no Banco do Estado do Pará. A crise na base do governo resultou na renúncia de ACM (em um escândalo conhecido como violação do painel de votação) e na dupla renúncia de Jader, à presidência do Senado e ao mandato parlamentar.

Mas, de fato, o que importa é que essa disputa expressava uma guerra real entre PFL e PMDB pela primazia na aliança eleitoral da situação em 2002. O próprio PSDB, líder do polo da situação, estava dividido quanto ao encaminhamento do problema. De um lado, o então governador do Ceará, Tasso Jereissati, defendia o rompimento com o PMDB e o fortalecimento da aliança com o PFL e os demais partidos da base aliada. Do lado contrário, José Serra buscava minar as pretensões do PFL e defendia a aliança formal com o PMDB. FHC procurou não ceder a nenhum dos dois lados. Pelo menos não até que tivesse sido escolhido o candidato do PSDB à sua sucessão.

Em 1998, faleceu, em decorrência de um infarto, Luís Eduardo Magalhães, filho de ACM, ex-presidente da Câmara, então nome forte para a sucessão de FHC e filiado ao PFL, como o pai. Com isso, o partido voltou-se para Roseana Sarney, então governadora do Maranhão e considerada candidata competitiva à presidência segundo pesquisas de opinião públicas e privadas. Até a polícia encontrar em seu escritório político uma alta soma de dinheiro em espécie, cuja origem não podia ser comprovada. As imagens das notas, exibidas em pleno *Jornal Nacional*, pulverizaram a candidatura da governadora. José Serra, então pré-candidato pelo PSDB, foi considerado pelo PFL (e pela família Sarney, em especial) o mandante oculto da operação, o que colaborou para arruinar a possibilidade da reedição da aliança de 1994.

Repetindo a decisão de 1998 de não apresentar candidato à presidência, em 2002 o PMDB compôs a chapa do candidato de situação, José Serra, indicando a deputada Rita Camata como candidata a vice. Ao longo da eleição, não faltaram lideranças de peso do PMDB a abandonar a candidatura de Serra. O caso mais notório foi o do senador José Sarney (PMDB, Amapá), pai de Roseana Sarney e presidente do Senado na primeira metade do primeiro mandato de FHC (cargo que viria a ocupar novamente duas vezes durante o governo Lula e ainda nos dois primeiros anos do governo Dilma).

Mas Serra não escolheu o PMDB como parceiro de chapa apenas por exclusão do PFL a partir do episódio Roseana. Nem somente pela possibilidade que lhe foi dada pela direção do PMDB de apontar diretamente o seu nome preferido dentro do partido, sem se submeter à indicação da cúpula (o que não é sinal de prestígio, antes pelo contrário: sintoma de que o apoio seria, na melhor das hipóteses, formal). O fato é que, ao longo do segundo mandato de FHC, o PMDB se fortaleceu como pilar de sustentação do governo. Não só porque o polo parlamentar havia conseguido de fato aumentar seu poder, mas porque a sequência de catástrofes de grandes proporções (1999, 2001, 2002) exigia máximo apoio congressual.

A base parlamentar do governo FHC chegou a 2002 significativamente dividida. A eleição de 2002 foi aquela que, depois da estabilização do Real, contou com o maior número de candidaturas que alcançaram mais que 10% de votos no primeiro turno. Além de Lula e Serra, contou também com Ciro Gomes — que tinha sido ministro da Fazenda nos últimos seis meses do governo de Itamar Franco, depois de FHC ter deixado esse ministério para se candidatar a presidente e após uma curta passagem de Rubens Ricupero pelo cargo — e com Anthony Garotinho, governador do Rio de Janeiro de 1998 a 2002.

Apesar dessa desagregação importante do campo da situação, o PT não surgia como alternativa ao pemedebismo do sistema — mesmo tendo adotado uma nova tática eleitoral de movimento em direção ao novo centro político, mais flexível em relação a alianças, gravada no slogan informal de campanha do "Lulinha paz e amor". Nem mesmo o documento emblemático dessa virada do PT, a "Carta aos brasileiros", de julho de 2002, foi suficiente para indicar ao sistema que o modelo de gerenciamento político instaurado no governo FHC seria mantido. Naquele momento, a flexibilização de alianças do PT, no caso da chapa presidencial, limitou-se à indicação de um empresário, José Alencar, então senador por Minas Gerais de um pequeno partido, o Partido Liberal (PL), como candidato a vice-presidente.

Olhando em retrospecto a totalidade dos zigue-zagues e crises do período FHC, todo o uso pragmático e oportunista da ideologia neoliberal, destaca-se nesse processo o fato de o controle da inflação ter permitido, pela primeira vez, que a desigualdade obscena do país fosse para o centro do debate público e da disputa política. Foi em um sistema fortemente polarizado em torno do combate às desigualdades que o PT chegou ao poder federal. Foi essa mudança de patamar da política e do debate público que permitiu a consolidação, ao longo do período Lula, do que se chama aqui de social-desenvolvimentismo. Ao mesmo tempo, é isso o que explica a opção inicial do primeiro mandato de Lula pela manutenção de uma política econômica ortodoxa. Além da democracia, o controle da inflação tinha passado a ser um dos elementos centrais de um novo modelo de sociedade. De maneira que também a prioridade da manutenção do controle da inflação era pré-requisito para a construção do projeto social-desenvolvimentista. E, pelo menos no início do governo Lula, o diagnóstico era o de que o controle inflacionário exigia mais, e não menos, ortodoxia neoliberal.

3. O social-desenvolvimentismo e o fim da polarização: de Lula a Dilma

Desde o início, o governo Lula procurou combinar uma tática de produzir "credibilidade perante os mercados" com uma pretensão de mudar o gerenciamento do sistema político herdado do período anterior. Talvez seja essa última pretensão o que pode explicar o fato notável de o PT ter conseguido, apesar das concessões à ortodoxia neoliberal, manter-se como líder incontestável e exclusivo da esquerda mesmo no mais difícil momento do governo Lula (2003-5). Além, é claro, do fato de que não havia alternativa viável para a esquerda que não o próprio governo Lula. Se a segunda fase do governo (2006-10) consolidou essa posição, continua a surpreender que nenhuma força política de peso e com poder parlamentar expressivo tenha conseguido se organizar à esquerda do PT. Exemplar desse tipo de tentativa foi o surgimento do Partido Socialismo e Liberdade (PSOL), em junho de 2004.

Claro que cooptação aberta de organizações e sindicatos também aconteceu. Mas dizer que tudo não passou de mera cooptação de movimentos sociais e sindicatos obscurece o fato de que a aliança lulista conseguiu convencer a parcela organizada de esquerda da sociedade brasileira de que o ritmo e a velocidade das transformações que estava imprimindo eram os limites máximos dentro das correlações de força vigentes. A barganha proposta pela aliança lulista era mais ou menos a seguinte: não sendo possível uma radical reforma do sistema político, troquemos um pacto com o pemedebismo por avanços na diminuição das desigualdades, de renda e reconhecimento social (e, em menor medida, de desigualdades ambientais).

Se for possível distinguir uma estratégia e uma tática na primeira fase da era Lula, elas visariam construir as condições, ao longo do primeiro mandato, para alcançar uma dominância parlamentar do PT no segundo mandato. Foi esse objetivo de construção de domínio do processo político ao longo do primeiro mandato que acabou vindo a público no episódio do mensalão e é também por essa razão que esse episódio marca o fim da primeira fase do período Lula.

O mensalão atingiu não apenas os suspeitos de sempre, mas líderes históricos do PT, identificados com uma nova política, com a bandeira da Ética na política. Naquele momento, o governo Lula chegou a suas mais baixas taxas de aprovação, e o candidato à reeleição foi considerado pela esmagadora maioria dos analistas políticos como "cachorro morto" para as eleições do ano seguinte. Não poderiam estar mais equivocados: Lula foi quase reeleito logo no primeiro turno da eleição de 2006, tendo vencido no segundo turno com 60% dos votos.

Como se deu essa virada? É importante notar a diferença entre as taxas de aprovação de Lula e as taxas de aprovação de seu governo como fator que ajuda a explicar pelo menos em parte de que forma Lula pôde se recuperar da crise do mensalão e vencer a eleição de 2006. Assinala, não por último, que Lula conseguiu se apresentar como o representante dos mais pobres dentro do sistema político tradicional. Como foram de decisiva importância o bom desempenho da economia e o aumento expressivo da renda das famílias nesse período, algo que ficou conhecido como "o Real do Lula".[15] A esses fatores deve se somar ainda uma significativa mudança da base eleitoral de Lula.[16]

Não basta, entretanto, a conjunção de fatores econômicos para explicar a vitória de Lula em termos político-eleitorais. E isso não apenas pelo fato fundamental de Lula ter passado a representar parcelas historicamente marginalizadas da política institucional, por ter se tornado o representante do "povão" dentro de um sistema tradicionalmente inacessível a essa maioria da população. Também porque a efetividade dessa conjunção de fatores dependeu de um pacto com esse mesmo sistema político marginalizador, de um novo modo de funcionamento do governo, instaurado a partir de 2005. Não por último, esse pacto permitiu a utilização de máquinas partidárias altamente capilarizadas, capazes de chegar com eficácia também aos chamados rincões, por exemplo.

A partir de 2005, o governo Lula opta por uma tática que será chamada aqui de ocupação pela esquerda do pemedebismo. Uma tática que teve resultados tão relevantes quanto ambivalentes. De um lado, significou nada menos do que a consolidação da primeira imagem do social-desenvolvimentismo, um modelo de sociedade internamente vinculado à democracia e marcado pelo combate às diferentes formas de desigualdade. Ao mesmo tempo, essa importante conquista foi realizada ao custo de uma normalização do pemedebismo.

A segunda fase do período Lula se caracteriza principalmente pelo desmonte seletivo do modelo de gerenciamento político herdado do governo FHC. Na camisa de força estabelecida no período FHC, o PT estaria obrigado a fazer uma sólida e duradoura aliança não apenas com o PMDB, mas com o pemedebismo de maneira mais ampla, para conseguir governar, para alcançar a "governabilidade".

Foi do abandono da pretensão de dominância típica do período anterior ao mensalão e da adesão à ideologia da necessidade de supermaiorias parlamentares que surgiu a tática de ocupar pela esquerda o pemedebismo. Para isso, os recursos empregados foram bastante semelhantes àqueles do governo FHC: infiltrar-se pelas fraturas próprias de uma cultura política fragmentária para alcançar, manter e preservar a direção do pemedebismo. Mas com um resultado relativamente surpreendente quando comparado ao período anterior, já que teve como consequência a virtual eliminação da oposição. E, não por último, completou o processo de blindagem do sistema político iniciado após o impeachment de Collor.

O último momento da segunda fase do período Lula (2008-10) tem de ser entendido em vista da crise econômica internacional, inaugurada oficialmente com a quebra do banco Lehman Brothers, em setembro de 2008. Nesse momento, a política econômica começou a ganhar contornos que iria mostrar mais claramente a partir do início do governo Dilma, com uma calibragem de diferentes vetores em virtude da persecução de uma meta de inflação que tenha o menor prejuízo possível para a renda do trabalho. Essa nova configuração representou também o fim da polarização, ou seja, o fim de um sistema pemedebista liderado pelos polos do PT e do PSDB, lançando as bases, assim, para a eleição de Dilma Rousseff e seu "governo de ajuste".

A PRIMEIRA FASE (2003-5)

Em seu primeiro mandato, Lula manteve e mesmo aprofundou alguns aspectos da política econômica herdada do período anterior, sendo o mais intrigante deles, certamente, a manutenção não apenas do câmbio flutuante, mas da sobrevalorização da moeda, a tal ponto que muitos economistas começaram a contar essa como mais uma excentricidade do caso brasileiro, ao lado das já lendárias taxas de juros e de inflação bastante mais altas em relação ao que se considera o padrão internacional.

Mas já no período inicial do primeiro mandato de Lula, começaram a ocorrer algumas mudanças importantes em relação à política econômica herdada. Algumas delas em perfeita consonância com a ortodoxia em vigor, como as reformas microeconômicas relativas ao acesso ao crédito e ao sistema bancário de maneira mais geral. Outras já bastante diferentes no espírito, com destaque, por exemplo, para o início de uma recuperação do valor do salário-mínimo, que, a partir de 2005, iria se transformar em uma política consistente e constante. Tanto em um quanto em outro caso, o que chama a atenção é o fato de essas mudanças terem sido realizadas porque não encontraram vetos. Ao contrário das batalhas campais do período FHC, quando a pauta era o aumento do salário-mínimo, esse tema deixou de ser polêmico no período Lula. Ou seja, traduzido nos termos deste livro, o governo Lula, mantendo a política econômica herdada do período anterior, moveu-se para introduzir mudanças contornando os vetos encastelados no sistema político.

Essas medidas, por sua vez, não foram apenas altamente positivas por si mesmas em termos econômicos e sociais. Potencializaram ainda os efeitos de uma conjuntura internacional particularmente favorável na qual, a despeito da persistência da sobrevalorização do real, as altas expressivas nos preços de bens primários (como minérios e soja, um movimento conhecido como boom de commodities) ensejaram um ciclo de crescimento econômico como não se via fazia muito tempo.

A primeira fase do período Lula se caracteriza principalmente por dois movimentos, em relação ao período FHC. Um foi de ruptura, na medida em que o governo Lula recusou inicialmente a posição que estava destinada ao PT no rearranjo do sistema político imposto a partir do Plano Real, em que a aliança com o PMDB aparecia como uma necessidade inescapável. Lula venceu as eleições de 2002 com o apoio informal de parte do PMDB, mas na primeira fase de seu governo ele decidiu não buscar o apoio formal do partido (ou, pelo menos, de uma maioria dentro dele). Defensor histórico da regeneração completa da política — cuja degradação sempre foi representada emblematicamente pelo PMDB —, o governo Lula decidiu contar apenas com as bancadas eleitas pelo PT e por seus então aliados históricos (PSB, PDT, PCdoB) e com os partidos de pequeno e de médio porte disponíveis para barganhas fisiológicas mais ou menos explícitas, contando ainda com o apoio de figuras isoladas do próprio PMDB. A maioria dos ministérios era controlada pelo PT, especialmente por candidatos derrotados nas eleições para governos estaduais importantes.

O outro movimento, de continuidade, foi surpreendente: o governo Lula manteve e até mesmo aprofundou a política econômica implantada em 1999, além de alguns itens da agenda de reformas do governo anterior. Como uma de suas primeiras medidas, o Banco Central elevou as taxas de juros de 25% para 26,5%. E o governo encaminhou ao Congresso uma reforma da Previdência que estava em consonância e em continuidade com aquela aprovada em 1998. Um fato que se explica por outro ainda mais surpreendente: o governo Lula utilizou toda a força de uma presidência em início de mandato não para tomar medidas econômicas novas, mas para manter a política econômica anterior. Ou seja, toda a força característica de início de mandato foi utilizada para sustentar, contra seu eleitorado tradicional, contra sua aliança política histórica e, especialmente, contra o próprio PT, a manutenção de um importante conjunto de elementos de uma política econômica tipicamente neoliberal.

Nesse momento de seu primeiro mandato, Lula tinha como única tática visível olhar simultaneamente para os dois extremos sociais, mantendo uma política ortodoxa que favorecia os mais ricos, ao mesmo tempo que introduzia importantes mudanças em favor dos mais pobres. Mas, para além dessa diretriz muito geral, operava ainda em boa medida mais como árbitro do PT do que como presidente da República. O governo estava dividido essencialmente entre facções do partido que seguiam se digladiando por espaço. E Lula, como fazia antes de sua eleição, como principal liderança do partido, continuava a se colocar acima das dissensões, na posição de "último recurso" que sempre ocupou nas disputas internas do PT. Essa situação fez com que as figuras de José Dirceu (ministro-chefe da Casa Civil) e de Antonio Palocci (ministro da Fazenda) sobressaíssem e passassem a canalizar as disputas internas ao governo em duas facções concorrentes. Dirceu apoiado no PT, Palocci como porta-voz de outras forças partidárias dentro do governo e do mercado financeiro.

Traduzindo a organização geral dessas duas facções em sua relação com o pemedebismo, é possível dizer que a diferença fundamental estivesse entre uma continuidade em relação ao modelo herdado do governo FHC (Palocci) e uma aceitação meramente tática dessa herança, com vista a uma mudança mais profunda adiante (Dirceu). Palocci representava a ideia de que o limite da ação política estava posto em *dirigir* o pemedebismo do sistema, buscando introduzir inovações e mudanças dentro dessa moldura fundamental. Já Dirceu pretendia utilizar o pemedebismo como escada, como instrumento não apenas para dirigi-lo, como tinha feito a aliança do Real, mas para *subordiná-lo* ao PT. A diferença essencial estava, portanto, entre um projeto de *liderar* e um de *controlar* o processo político como um todo.[17]

Em meio aos graves conflitos internos que caracterizaram a primeira fase do período Lula, o que parece ser possível reconstruir com razoável plausibilidade é o seguinte: em algum momento, que pode ser aproximadamente localizado no início de 2004, três movimentos simultâneos (e, até certo ponto, independentes entre si) ocorreram dentro do governo, todos eles observados a uma distância prudente pelo próprio Lula. O primeiro — articulado por José Dirceu — foi o de construir as bases para uma sólida aliança com o PMDB.

O governo Lula, em sua primeira fase, foi o primeiro governo de minoria parlamentar desde a eleição de Collor. Foi o primeiro governo desde o impeachment a recusar como inevitável a produção de uma supermaioria parlamentar como exigência de governabilidade. A recusa do acordo formal com o PMDB nesse momento correspondia ao compromisso histórico de repelir essa maneira de operar do pemedebismo. Mas também tinha o sentido de não conceder a Dirceu poder excessivo na disputa interna, mantendo a tensão entre ele e Palocci.

A partir do episódio do mensalão, o governo Lula adere à ideologia da governabilidade, com sua pretensa necessidade de formação de uma supermaioria parlamentar, que também deveria preservá-lo de um eventual processo de impeachment. Deu início a uma aliança com o PMDB que iria aos poucos se aprofundar e se consolidar, até se tornar uma aliança formal de governo. Nesse momento, a partir de meados de 2005, Lula finalmente assumiu por inteiro a presidência da República e o papel de articulador político de seu próprio governo.[18]

Também foi o episódio do mensalão que revelou um segundo movimento simultâneo. Ficou claro que o aparelho do PT, ainda controlado por Dirceu, tinha levantado ilegalmente uma enorme quantidade de fundos que serviram para financiar novas alianças locais e regionais nas eleições municipais de 2004. Isso mostrou que o projeto de obter uma bancada parlamentar robusta para o PT nas eleições de 2006 estava de fato em marcha, já que as eleições municipais são estratégicas para as eleições proporcionais federais. A ideia parecia ser a de fazer com que o PT, no cenário ideal, alcançasse uma bancada própria de tal peso que pudesse escapar com suas próprias pernas — e com algumas negociações de varejo — à camisa de força do modelo estabelecido no governo FHC.

Se bem-sucedido o projeto, uma aliança com o PMDB só se faria ainda de fato necessária no Senado. E mesmo assim apenas até 2010, quando Dirceu esperava ser ele próprio indicado candidato para suceder a Lula e poderia se empenhar em conquistar maioria para o PT também no Senado. Não importa como, esse projeto foi abortado, e a eclosão do mensalão mostra apenas a forma relativamente caótica como o governo Lula, em sua primeira fase, lidou com o modelo de gerenciamento político herdado do governo FHC e com o pemedebismo de maneira mais ampla.

O terceiro movimento simultâneo se coadunava bem com o projeto de conquistar certo domínio parlamentar. Tratou-se do referendo sobre comercialização de armas de fogo. Embora não lhe possam ser atribuídos o mesmo peso e importância que obteve o plebiscito de 1993 sobre a forma e o sistema de governo, há certa analogia com o referendo de 2005. Assim como o PSDB testou suas chances como partido líder no plebiscito de 1993, o referendo de 2005 estava ligado à estratégia mais geral do PT de alcançar dominância política pelas próprias pernas.

Essa estratégia incluiu, aliás, nesse primeiro momento, episódios de explícita regressão política, como por exemplo a utilização ininterrupta da retórica nacionalista e a celebração da "brasilidade" — em que se martelou dia e noite o slogan "Sou brasileiro, não desisto nunca", em que se transformaram as comemorações do Sete de Setembro em encenação "cívica" dos "valores nacionais", na qual até o governo ditatorial do general Ernesto Geisel era irritantemente lembrado como exemplo positivo. Um movimento regressivo que foi logo abandonado em favor do monopólio do slogan "Brasil — um país de todos", criado ainda em 2002, em que a ênfase está — apesar do sexismo do "todos" — na construção do "país", de uma sociedade igualitária e plural, e não mais da "nação".

A ideia do referendo parecia ser colar a imagem do partido a um tema transversal e que contava então com amplas chances de vitória. Esse objetivo ficou totalmente obscurecido pelo mensalão. O que, paradoxalmente, também auxiliou o próprio governo, já que a posição oficial foi derrotada em uma votação em que a vitória era dada como certa. A movimentação do referendo parecia, na origem, uma espécie de ensaio para produção de dominância política, combinando conquista simbólico-cultural com uma futura vitória parlamentar expressiva no ano seguinte.

O referendo sobre o porte de armas pode ser lido ainda em termos de uma contraprova do argumento defendido aqui, porque chama a atenção seu caráter antipemedebista, bem de acordo, portanto, com a fase do governo Lula em análise. No momento em que o referendo foi gestado, o PT ainda tinha a pretensão de controlar o sistema político, e não apenas de dirigir o pemedebismo. Não há algo que o pemedebismo evite mais do que consultas populares, como plebiscitos e referendos. Isso se deve ao fato de que toda a sua estrutura está montada para permitir o *veto* a temas e matérias concretos, e não para produzir maiorias a favor de determinada posição. O discurso pemedebista a favor é sempre anódino e de bom-moço. Posições pemedebistas a favor de determinada mudança são sempre decisões de gabinete e de cúpula e têm por condição fundamental que a mudança tenha passado pelo teste de fogo de contornar vetos. Não por acaso, o governo Lula não recorreu novamente a referendos ou plebiscitos depois de 2005. Não por último, porque a derrota da tese do desarmamento no referendo tem a ver com a expressiva reação de forças alinhadas ao ruralismo, historicamente refratárias ao PT.

É difícil pensar esses três movimentos simultâneos como representando uma estratégia e uma tática unificadas, como dotados de um rumo político organizado e homogêneo. Se estratégia e tática organizadas e claras existiram, parece que eram restritas a pequenos grupos políticos dentro do PT, que, aliás, estavam em duro processo de disputa de espaço. A situação era de uma encenação em nível nacional de disputas políticas do partido e de seu dispositivo sindical.

Prova disso é a maneira inusitada como surgiu o episódio do mensalão. O líder do PTB na Câmara, Roberto Jefferson, que tinha sido líder do governo FHC, pediu ajuda governamental para que fosse barrada uma investigação contra um diretor dos Correios indicado pelo partido que tinha aparecido em um vídeo recebendo propina. Ao se convencer de que não só o governo não se empenharia em barrar a investigação como ainda iria responsabilizar seu partido pela corrupção, Jefferson concedeu, no início de junho de 2005, uma entrevista à *Folha de S.Paulo*, em que denunciou um vasto e complexo esquema de arrecadação ilegal de fundos, o qual seria liderado por José Dirceu e seus aliados instalados na máquina partidária. Mais do que isso, o episódio revela o quanto o próprio governo Lula nessa fase se encontrava altamente fragmentado, dividido entre múltiplas correntes internas do PT.

As revelações que se seguiram à entrevista de Roberto Jefferson trouxeram à tona um sistema de corrupção que incluía não apenas parte significativa dos partidos aliados ao governo Lula, mas também os que se encontravam na oposição, que tinham formado a base do governo FHC. A sequência de eventos fugiu ao controle do sistema político e colocou a sociedade inteira em estado de obsessão pelo tema e seus desdobramentos. Foi a primeira crise política transmitida ao vivo e em tempo real, pela televisão, pelo rádio e pela internet. Todo o segundo semestre de 2005 foi dedicado à cobertura do episódio, e parecia que era o sistema político como um todo que não conseguiria se recuperar.

O PT foi duramente atingido. Não apenas em razão do ponto programático histórico que prometia fazer política de uma nova maneira, de uma maneira "ética", mas também porque perdeu alguns de seus mais importantes quadros. O júbilo da direita conservadora foi de tal ordem que o então senador Jorge Bornhausen (PFL, Santa Catarina) chegou a ponto de declarar, em relação aos petistas (e em relação à esquerda, de maneira geral), que estava "encantado" com a possibilidade de se ver "livre dessa raça pelos próximos trinta anos". De seu lado, Jefferson mirou particularmente Dirceu como mentor de todo o esquema. Isso levou não apenas à queda (e posterior expulsão) do colaborador mais próximo de Dirceu no PT, Delúbio Soares, como obrigou o próprio presidente do PT, José Genoino, a renunciar ao posto.

Dezenove deputados estiveram sob investigação na Câmara, dos quais seis pertencentes ao PT. Quatro deles renunciaram antes do início da investigação. A maioria foi absolvida das acusações no nível parlamentar, e três deputados foram cassados, entre eles Jefferson e Dirceu. Um novo presidente do PT foi eleito, o ministro da Educação Tarso Genro, que, apesar de ter tentado, não foi capaz de fazer frente ao poderio que Dirceu ainda mantinha na máquina partidária. O julgamento do caso pelo STF ocorreu apenas em 2012, na Ação Penal 470, que coincidiu com o período de campanha e votação das eleições municipais do mesmo ano.

Lula fez o possível e o impossível para tomar distância das ações ilegais e se colocou na posição do presidente traído que nada sabia sobre o esquema. Ao mesmo tempo, tomou também distância do próprio PT. E foi nesse momento que deixou a posição de árbitro de conflitos que ele próprio estimulava para se tornar de fato o articulador político de seu governo. Selou uma aliança com setores importantes do PMDB e, na Casa Civil, substituiu Dirceu por Dilma Rousseff, até então ministra de Minas e Energia. O episódio do mensalão libertou Lula das amarras partidárias e sindicais estreitas e estritas que caracterizaram o período inicial de seu governo.

Dentre as muitas consequências dessa conjunção de libertação do governo Lula das amarras partidárias e sindicais com seu aprisionamento no quadro mais geral do pemedebismo, é importante destacar a renovação da elite de governo que se seguiu. Desde o seu início, o governo Lula esteve confrontado com o problema de produzir uma equipe de governo, de encontrar quadros suficientes para compor um time de governo que, no Brasil, chega aos milhares, já que os cargos de preenchimento discricionário atingem proporções espantosas. Com isso, muitos quadros bastante jovens ascenderam de maneira rápida a postos relativamente importantes, mas com a característica de estarem sempre subordinados, em cada caso, a quadros mais antigos e mais experientes do PT.

Após o episódio do mensalão, quadros mais jovens que tinham demonstrado potencial e qualidade foram promovidos pelo governo Lula, chegando a assumir posições no primeiro escalão de governo, como foi o caso de Fernando Haddad, ministro da Educação. Ao promovê-los a posições de destaque, o governo Lula produziu também uma equipe moldada pela própria experiência de seu governo, de tal maneira que é possível falar em uma ou duas gerações de quadros que se formaram e que mantêm como referência de sua ação política o modus operandi do período Lula, especialmente do segundo mandato.

Esse movimento realizado pelo governo Lula teve como importante consequência ter dado a largada a uma troca de guarda geracional que mais cedo ou mais tarde iria acontecer para o sistema político como um todo, mas que estava reprimida pela geração que se formou no combate à ditadura. Essa mudança geracional já deixou sua marca, por exemplo, nas eleições municipais de 2012, com a eleição para a prefeitura de nomes como os de ACM Neto (DEM), Geraldo Júlio (PSB), Gustavo Fruet (PDT) ou o próprio Haddad (PT). Considerando conjuntamente os dois elementos, no caso específico do PT, tem-se uma mudança geracional cuja unidade política é dada pela experiência do período Lula, já que, antes disso, a grande maioria dos novos quadros de destaque não teve mandatos legislativos nem havia ocupado posições de primeiro escalão no Executivo.

No período mais crítico do mensalão, em 2005, o governo Lula continuou com a diretriz de olhar para os dois extremos sociais. Manteve um olho na política econômica ultraortodoxa, capaz de satisfazer aos estratos mais ricos, e o outro na expansão de políticas compensatórias para os mais pobres, especialmente nos aumentos reais do salário-mínimo, nos chamados Benefícios de Prestação Continuada e no Programa Bolsa Família. Trouxe para o centro do debate uma série de desigualdades a ser combatidas, não apenas as econômicas, mas também as de raça, gênero ou acesso à universidade, por exemplo. Teve ainda atenção especial com uma base eleitoral e sindical importante, concedendo aumentos reais ao funcionalismo público.

Foi nesse momento que surgiram também acusações de que Lula seria "populista", que teria estabelecido uma "relação direta com o povão", não mediada por instituições políticas. Se o que se escreveu até aqui é plausível, a coisa é bem mais complicada do que isso. Pois, no caso de pobres e remediados, a "inclusão pemedebista" não significa representação plena no sistema político. Significa que "Lula" passa a ser *o representante* do "povão" em um sistema político que continua a marginalizá-lo. A tática da ocupação pela esquerda do pemedebismo mostra aqui uma vez mais seus limites e suas ambiguidades: ao tornar "normal" o pemedebismo, colaborou decisivamente para o fechamento do sistema político em si mesmo, para a continuidade da exclusão da representação da enorme maioria da população; ao obter com isso expressivos avanços sociais, significou de fato representação para esses contingentes historicamente marginalizados, à maneira de uma representação ("Lula") *dentro do* sistema político que os marginaliza.[19]

Todo o primeiro mandato de Lula e quase a integralidade dos dois primeiros anos do segundo mandato coincidiram com uma conjuntura internacional que foi altamente positiva para a balança comercial. Na ausência de crises financeiras internacionais, não houve dificuldade em financiar a dívida pública. Em consequência, desde 2003, a vulnerabilidade externa do país foi radicalmente reduzida, a ponto de o Brasil ter liquidado sua dívida com o FMI e reduzido a dívida externa a um nível insignificante. O que não apaga o fato de que a dívida interna permanecia bastante alta e cara, já que a taxa de juros continuava em níveis historicamente muito altos. Esse ambiente econômico favorável e tranquilo foi particularmente importante para que o governo Lula pudesse superar a crise do mensalão, já que, como mencionado, o país quase quebrou pelo menos duas vezes no segundo mandato de FHC: em janeiro de 1999, pouco depois da segunda posse, e em dezembro de 2002, logo após a eleição de Lula.

O episódio do mensalão é também um marco do processo de estabilização iniciado em 1994, com o lançamento do Real. Pela primeira vez, uma crise política passou totalmente ao largo da economia. Esse é o marco final do longo processo de estabilização política, concomitante ao processo de estabilização econômica. Nesse momento, a alternância no poder se consumou de fato. Com a manutenção pelo governo Lula dos pilares do novo centro político, a blindagem da economia contra os solavancos do pemedebismo se completou. Não foi surpresa, portanto, que a reeleição de Lula em 2006 não tenha sido acompanhada de nenhuma crise cambial ou similar, mesmo depois de um escândalo da magnitude do mensalão.

DO MENSALÃO AO FINAL DO SEGUNDO MANDATO (2006-10)

Ao final de 2005, o governo Lula selou uma sólida aliança com o PMDB e (novidade quando comparado ao apoio ao governo FHC) obteve esmagador apoio da base parlamentar do partido. Alcançou ainda mais sucesso que o governo FHC na ampliação de sua coalizão "de A a Z", conseguindo filiar deputados e senadores oposicionistas a partidos de pequeno e médio porte aliados do governo, recurso bloqueado na legislatura seguinte por uma interpretação da fidelidade partidária estabelecida pelo STF em outubro de 2007.

O terreno estava preparado para que a aliança lulista viesse a desligar o sistema bipolar estabelecido durante o período FHC, oportunidade que surgiu mais claramente após o início oficial da crise econômica mundial, em setembro de 2008. Não só porque o resultado do conjunto de medidas anticrise tomado pelo governo foi bem-sucedido, mas também porque a oposição simplesmente não disse a que veio em nenhum momento: ao contrário do episódio do mensalão, em 2005, em 2008 nem o PSDB nem qualquer um de seus aliados históricos tinham algo a dizer ou fazer.

Além de encerrar o "boom de commodities", a eclosão da crise econômica mundial veio interromper uma série impressionante de excelentes notícias no campo econômico. A começar pelo anúncio da descoberta das gigantescas reservas de petróleo da camada pré-sal, em julho de 2007, cujos possíveis benefícios não pertenciam a um futuro imediato nem muito claro, mas surgiam como promissoras. A que se somou o anúncio, em outubro do mesmo ano, da confirmação do Brasil como sede da Copa do Mundo de Futebol de 2014. Logo depois, em abril de 2008, veio a joia da coroa: a elevação do Brasil a "grau de investimento", uma classificação concedida pelas chamadas agências de risco a países e empresas em boas condições de pagamento de suas dívidas. Um evento que já tinha sido precedido por uma corrida de instituições financeiras estrangeiras para comprar pequenos bancos e/ou participações em grandes bancos brasileiros.

No final de 2008, o Brasil celebrou um acordo com a Santa Sé que atendia a várias demandas da Igreja católica no país, como, por exemplo, o efeito civil do casamento religioso. O acordo foi criticado por ferir a laicidade do Estado, especialmente no campo do ensino religioso. Mas teve dois efeitos de médio prazo importantes para o projeto de governo: construiu uma sólida base na Igreja católica para a candidatura de Dilma Rousseff, em 2010; e trouxe para o país a Jornada Mundial da Juventude, no ano de 2013, realizada no Rio de Janeiro e colocada como etapa preparatória da série de megaeventos prevista até 2016. Pois, em outubro de 2009, veio o anúncio oficial do Brasil como país-sede dos Jogos Olímpicos de 2016, a ser realizados na cidade do Rio de Janeiro. A inflação se encontrava em um de seus pontos mais baixos da história e as taxas de juros estavam caindo, mesmo se mantendo ainda em um nível muito alto. Por tudo isso, não é de estranhar que tenha sido ao longo de 2008 que Lula progressivamente introduziu o nome de Dilma Rousseff como a candidata escolhida por ele para a eleição de 2010. Dilma foi então apresentada como a "mãe do PAC", o Programa de Aceleração do Crescimento, basicamente um conjunto de planos e de projetos de infraestrutura.

O governo Lula prosseguiu o trabalho do anterior de desmonte do amálgama de pemedebismo e nacional-desenvolvimentismo, que, com a crise desse modelo de sociedade, levou, no limite, ao travamento do sistema político. Mas desmontou também o formato bipolar de gerenciamento instaurado no período FHC, anulando de fato a oposição, que se tornou, a partir de então, meramente residual. Ou seja, há continuidades e descontinuidades mescladas nessa passagem do governo FHC ao governo Lula que merecem atenção.

Do lado econômico, colaborou especialmente na construção de um novo padrão de desenvolvimento, realizando uma rápida adaptação do país ao boom de commodities e a uma economia global movida pela gangorra EUA-China. Optou por um modelo de escolher "campeões nacionais" que receberiam recursos e apoio para se estabelecer como plataformas de fornecimento (essencialmente de matérias-primas) para a economia mundial, controlando de perto a abertura econômica de maneira a proteger a indústria instalada no território nacional no que diz respeito ao mercado interno. A construção desse modelo foi relativamente rápida e fácil também porque não foi pensada como estratégia de inserção virtuosa na nova divisão mundial da produção, mas como uma prancha adequada para surfar na onda do aumento dos preços das commodities vivido até 2008.

O governo Lula fincou no novo modelo a diretriz de que crescimento econômico tem de ser acompanhado de diminuição em algum grau de desigualdades sociais, o que veio também amalgamado a um crescimento econômico movido a estímulo do consumo. Nesse modelo, o ritmo de crescimento da renda das famílias é mantido acima do crescimento do PIB per capita, indicador internacionalmente considerado como fator de bem-estar. Para isso, caminhou sempre por onde não encontrou vetos. Desde o início de seu governo, as medidas decisivas foram os aumentos reais do salário-mínimo, a criação e ampliação de programas sociais de impacto, as reformas microeconômicas do crédito. Essas medidas, por sua vez, não foram apenas altamente positivas por si mesmas em termos econômicos e sociais: potencializaram ainda os efeitos do boom de commodities, em um ciclo de crescimento econômico como não se via fazia muito tempo. Com isso, a aliança lulista acumulou força política para dar o salto em direção a uma política desenvolvimentista que distinguisse o seu governo do período anterior, ainda que em continuidade com este no que diz respeito ao desmonte das instituições nacional-desenvolvimentistas. Um desenvolvimentismo de novo tipo, que incluiu induzir a criação de grandes conglomerados transnacionais (mas baseados no país) para integrar as cadeias produtivas que atendem à gangorra sino-americana, fornecer serviços e produtos a países na órbita de influência brasileira (tanto na América Latina como na África) e concentrar o mercado interno de grandes obras de infraestrutura e concessões públicas.

Um marco dessa nova orientação de política industrial se deu com a ida de Guido Mantega para o Ministério da Fazenda (após a queda de Palocci, em março de 2006) e, posteriormente, em abril de 2007, com a nomeação de Luciano Coutinho para a presidência do BNDES.

Foi apenas com a entrada definitiva do PMDB no governo, depois do mensalão, que a aliança com o empresariado nacional foi progressivamente se firmando. Com o tempo, não apenas as grandes empreiteiras, as grandes empresas industriais, mineradoras e de serviço aderiram ao pacto lulista, mas também — fato inédito — os setores ruralistas, que até ali continuavam a hostilizar o PT e o governo Lula. Se é fato que o boom de commodities teve grande influência nessa adesão, foi pelo menos de igual importância para isso a sua representação no governo mediante a aliança com o PMDB. Esse movimento de adesão continuou se ampliando até o governo Dilma, momento em que se alinharam ao pacto até mesmo lideranças ruralistas tradicionais de oposição, como foi o caso da senadora Kátia Abreu, presidente da Confederação da Agricultura e Pecuária do Brasil (CNA).

Esse novo desenvolvimento levará àquela que será a discussão econômica mais marcante do período. Um dos fatos mais curiosos do governo Lula é o relativo silêncio do lado da ortodoxia neoliberal. A continuidade do sistema de metas em termos ortodoxos, em conjunção com crescimento econômico expressivo e outros pontos tópicos, como a reforma da Previdência de 2003 e mudanças microeconômicas, especialmente na ampliação do crédito, bem como as taxas estratosféricas de popularidade do presidente, encantoaram os defensores do aprofundamento de reformas liberalizantes. A única tentativa mais ou menos organizada de intervir na política econômica do lado liberal veio com a proposta de reduzir a meta de inflação para o período do segundo mandato de Lula. E, nesse ponto, a intervenção fracassou, permanecendo a meta fixada em 4,5%.

O encantoamento do dispositivo neoliberal abriu intenso debate no campo antagonista, que se poderia caracterizar como heterodoxo, em sentido bastante amplo. Trata-se aqui, novamente, da discussão sobre a taxa de câmbio. Mas, desta vez, a questão fundamental é a da desindustrialização (que teria como contrapartida uma concentração na exportação de bens primários, uma "primarização" da economia), vinculada posteriormente ao risco da chamada doença holandesa, em que uma abundância em termos de recursos naturais torna um país rico e, ao mesmo tempo, sem indústria própria. Por trás da discussão estava um movimento desenvolvimentista, que pregava políticas industriais positivas mais agressivas de médio e longo prazo. A crise econômica mundial colocou em segundo plano essa discussão, em parte porque o campo heterodoxo se considerou vitorioso com as políticas anticíclicas de resposta à crise, ainda no final de 2008.

A chegada do PMDB ao governo Lula trouxe mais um novo elemento ao modelo de liderança bipolar herdado da engenharia política imposta no período FHC. O governo Lula criou onde e como pôde políticas sociais compensatórias. Só que repartiu de maneira desigual os seus dividendos políticos. O PT ficou com a formulação, com o controle dos projetos e com o crédito de paternidade (ou maternidade, como se queira). E o PMDB recebeu a maior parte da execução das políticas — justamente aquela que contempla o poder local e abastece a política miúda. O programa Luz para Todos, não por acaso criado por Dilma Rousseff quando ministra das Minas e Energia, pode ser visto como caso exemplar dessa lógica lulista de repartição de dividendos políticos.

Ao lado desse tipo de negociação miúda com o pemedebismo, surgem iniciativas antipemedebistas, que buscam ampliar, quando possível, o "cordão sanitário" também no âmbito de políticas públicas de extenso alcance. É o caso do Programa Bolsa Família e assemelhados. A mais saliente novidade desse tipo de programa, além de sua amplitude, alcance e foco precisos, é o fato de, em grande medida, prescindir da mediação política institucional miúda. Um cartão utilizado pela população mais pobre, sem intermediários, é algo que foge ao padrão usual da política de cunho pemedebista.

A menção a tais programas do governo Lula faz surgir outro elemento-chave nessa reorganização do bloco de governo após o mensalão, que afastou do núcleo duro de governo o publicitário Duda Mendonça, figura central da comunicação oficial. Surgiu nesse momento João Santana, que, como responsável maior pelo conjunto da comunicação publicitária do governo, se tornou não só partícipe, mas também artífice da virada lulista que culminou na vitória na eleição presidencial de 2006. Se Lincoln disse que seu fotógrafo, Mathew Brady, tinha feito dele um presidente,

Lula pode dizer sem hesitar que João Santana deu ao seu governo uma cara, uma imagem. Santana não apenas transformou políticas públicas em curso em peças publicitárias de impacto; participou da gestação de iniciativas governamentais, ajudando a moldar novos e velhos programas. Realizou operações publicitárias espetaculares. Como foi o caso inaugural e exemplar da alardeada autossuficiência na produção de petróleo, em 2006, em que Lula repetiu em uma plataforma em alto-mar o gesto inaugural de Getúlio Vargas, na década de 1950, imprimindo sua mão embebida em petróleo no macacão de funcionários da Petrobras. Evidentemente, tudo isso só foi possível porque Santana encontrou em Lula não apenas o perfeito propangadista de seu governo, mas porque Lula apresentou um talento incomum para aproveitar oportunidades publicitárias.

Mais que isso ainda, João Santana realizou uma internacionalização de programas sociais do governo Lula. Ao se tornar, direta ou indiretamente, conselheiro publicitário de diversos governos e candidaturas na América Latina e na África, transportou tanto a tecnologia de políticas sociais como a de marketing para esses países. Utilizou ainda a experiência internacional para incrementar esses mesmos programas, como, por exemplo, no "Minha Casa Melhor", lançado por Dilma Rousseff em 2013, cujo modelo foi uma inovação no "Minha Casa, Minha Vida" realizada na Venezuela, sob a presidência de Hugo Chávez.

De maneira complementar, a presença de Franklin Martins na Secretaria de Comunicação significou uma virada na relação do governo com a mídia. Partindo do diagnóstico de uma hostilidade de base da grande imprensa ao governo Lula, foi gestada uma política de pulverização da propaganda oficial de tal maneira a construir uma rede alternativa de divulgação com alta capilaridade e grande alcance, envolvendo a imprensa regional e local, emissoras de rádio espalhadas por todo o país, além de importantes dispositivos na rede, tanto sob a forma de intervenções organizadas em redes sociais como no apoio a blogs favoráveis ao governo. No âmbito dos grandes grupos de comunicação de massa, a nova política buscou fortalecer de variadas maneiras a competição entre as grandes emissoras de TV, não só em termos de retransmissoras locais de programação, mas também com especial apoio à TV Record, por exemplo, de modo a contrabalançar a hegemonia da TV Globo no segmento.

Ao longo do primeiro mandato de Lula, a impressionante velocidade de expansão do acesso à internet foi proporcional à ampliação das fontes de informação e dos fóruns de discussão. Também por esse motivo a grande mídia tradicional, mesmo mantendo importância e relevância, viu quebrado o seu monopólio na formação da opinião. Aqui uma das razões da transformação decisiva introduzida pelas redes sociais, de que tanto se fala: são espaços em que a própria opinião vai se construindo em diálogo e em contraste com outras, e não apenas com o a favor ou contra próprios de um artigo de jornal ou reportagem de TV. As redes sociais ganharam também papel de destaque na própria formação da pauta da mídia tradicional, ao mesmo tempo que se impuseram como mecanismos de controle da sua atuação.

Como outra novidade desse período surge a atuação do Judiciário e, em especial, de dois de seus órgãos superiores, o Supremo Tribunal Federal e o Conselho Nacional de Justiça, órgão de controle e de planejamento estratégico do Judiciário como um todo, instalado em 2005, durante o período em que Márcio Thomaz Bastos ocupava o Ministério da Justiça. Não é raro ouvir "acusações" de "judicialização" ou de "ativismo judicial", especialmente por parte de tribunais superiores: seja para apoiar ou para criticar uma decisão, "seja à esquerda, ou à direita, seja utilizando a ideia de 'judicialização da política', seja a de 'ativismo judicial', o raciocínio subjacente é o mesmo: um Poder (o

Judiciário) está invadindo indevidamente o domínio de outro Poder (o Legislativo)".[20]

Há ainda quem formule suas objeções de maneira mais extremada: o Judiciário, e o STF em especial, decidiria, em alguns casos, "em desacordo com a legislação", ou expressões semelhantes. Somente em situações excepcionais seria possível dizer que a interpretação oficial da legislação em uma democracia, feita pela última instância do Judiciário, seria contrária à própria legislação.

Não pode haver pior metáfora para entender o funcionamento do Judiciário em uma sociedade democrática do que a futebolística: o bordão "a regra é clara". Como se clareza da regra viesse antes do exercício efetivo de interpretação da regra. Em direito, ao contrário, a interpretação da lei é objeto de ferrenha disputa. Mas uma disputa regrada. E essa é a principal deficiência da visão divulgada pela "judicialização": tomar declarações pelo seu valor de face político, quando elas só ganham sentido específico na linguagem do direito, dentro do sistema jurídico. É nessa condição peculiar que o Judiciário integra o sistema político.[21]

Se o Judiciário está apenas fazendo o que lhe cabe em vista da democracia e da cultura política pemedebista que se tem, a pergunta decisiva a fazer, antes de julgar qual deveria ser, em abstrato, esse papel, é qual é esse papel efetivo que está desempenhando na democracia brasileira (e, a partir daí, perguntar como se poderia avançar rumo a um funcionamento desse poder que permita um aprofundamento da democracia). Por trás das acusações de judicialização está a ideia de que o Judiciário seria apenas uma espécie de porta dos fundos do sistema político, de que lhe caberia a mera função de destravar de maneira seletiva (isto é, segundo o oportunismo próprio da política) o sistema de vetos pemedebista.

Também o Judiciário funciona como mecanismo de perpetuação da lógica pemedebista. Foi assim que o STF decidiu, por exemplo, pela suspensão da aplicação da Lei da Ficha Limpa para a eleição de 2010 e pela concessão de direito a tempo de televisão e fundo partidário proporcionais a um partido criado em 2011, o PSD. Assim como o STJ decidiu pela suspensão da operação da Polícia Federal conhecida como Castelo de Areia, cujas possíveis implicações atingiriam parte significativa da cúpula do sistema político brasileiro, sem distinções partidárias.

Um exemplo eloquente desse modo de operação do Judiciário pode ser visto no vaivém relativo à chamada verticalização das coligações partidárias. Estabelecida para as eleições gerais de 2002 por uma interpretação do Tribunal Superior Eleitoral (TSE), a regra exigia que os partidos repetissem para as eleições estaduais as mesmas coligações que tivessem feito para a eleição presidencial. A resposta do Legislativo veio em fevereiro de 2006, por meio da aprovação da Proposta de Emenda à Constituição (PEC) que abolia a verticalização. Em sua primeira reação, o TSE, em 6 de junho de 2006, entendeu que a mudança realizada pelo Congresso não poderia valer para as eleições daquele mesmo ano, mas somente para 2010. E tornou ainda mais estrita sua interpretação: partidos que não lançassem candidatura à presidência (nem se coligassem para essa eleição) também não poderiam se coligar a partidos que tivessem candidatura à presidência (ou participassem da coligação de uma candidatura). A reação foi de tal vulto que o próprio TSE, dois dias depois, em 8 de junho de 2006, produziu nova interpretação, em que, na prática, extinguiu a verticalização.[22]

Especificamente no que diz respeito ao Judiciário, essa disputa de espaço entre os poderes é sinal de pelo menos duas novidades. Independentemente do seu conteúdo e de seu mérito, o processo de reformas já realizado consolidou a Constituição Federal como legítima referência comum do debate político. Esse grande avanço significa uma afirmação do valor da legalidade, a criação de uma rotina de fidelidade à lei e à própria Constituição.

Mas esse avanço só virá a se consolidar com um aprofundamento da discussão rotineira em torno da legitimidade das decisões. Uma democracia que tolera desigualdades pode cumprir os requisitos da legalidade, mas jamais será uma ordem legítima.

O centro da discussão parece ter se deslocado de grandes reformas constitucionais para mudanças infraconstitucionais de regulamentação e implementação. Isso não significa que sejam menos importantes. Significa apenas que, no caso da produção legislativa direta, irão se dirigir à obtenção de maiorias apertadas (e não mais aos três quintos exigidos para uma alteração constitucional) e que ocuparão por igual não apenas o espaço do próprio Congresso Nacional (como foi o caso das primeiras ondas de reformas), mas também e sobretudo o Judiciário (em especial os tribunais superiores), sem esquecer do próprio Executivo, com seus espaços de regulamentação e de decisão, que também produzem mudanças legais de peso.

Que o Judiciário tenha avançado na interpretação e aplicação de dispositivos constitucionais antes reservados às gavetas é de grande relevância, especialmente quando se pensa na longa transição para a democracia. Essa atuação se acentua a partir do segundo mandato de Lula, em um contexto em que parecem ter ficado para trás as grandes transformações, as grandes reformas da Constituição, de tal maneira que o texto constitucional adquiriu razoável estabilidade. O que pode explicar, por sua vez, por que o STF, a partir daí, aparece mais frequentemente para resolver casos difíceis de interpretação, já que agora estaria em causa a produção de uma imagem íntegra do texto constitucional, e não mais tentativas isoladas de resolver conflitos impostos pela agenda relativamente imprevisível e cambiante das necessidades da estabilização econômica e política. O que não significa que o Judiciário deixe de operar segundo a lógica pemedebista. Significa que sua posição nesse sistema se alterou de maneira importante.

A reunião de todos esses elementos mostra que o país alcançou uma estabilização institucional bastante peculiar, como o próprio episódio do mensalão o exemplifica. O ano de 2005 representa o momento em que, pela primeira vez em 25 anos, uma crise política profunda não afetou direta e imediatamente a economia. A estabilização econômica e a estabilização política por fim se encontraram.

Para realizar essa operação, a aliança lulista lançou mão de instrumentos diretamente herdados do período anterior. De posse da amplitude de ação e da supremacia do governo central sobre estados e municípios conquistada desde o Plano Real (o que inclui também cargos por preencher e a liberação seletiva de recursos), o governo Lula usou essa concentração de poder primeiramente realizada com vista à estabilização econômica para sufocar a oposição, que se encontrava entrincheirada, justamente em governos estaduais e municipais. Isso se deveu fundamentalmente à desproporção na repartição de recursos orçamentários entre os entes federativos em favor da União e ao controle do governo central até mesmo sobre a oportunidade de realizar repasses obrigatórios — para não falar na celebração de convênios vitais para a sobrevivência política de governadores e prefeitos.

Somado ao ambiente de bonança internacional que caracterizou o período (com a exceção do ano de 2009, em que a crise econômica mundial de 2007-8 se fez sentir de maneira intensa), esse enorme controle sobre os redutos dominados pela oposição, por relevantes que sejam estados como São Paulo ou Minas Gerais, simplesmente bloqueou a crítica pública e a ação do PSDB. O PFL, tornado DEM a partir de 2007, estava já em trajetória de declínio irremediável. E o outro parceiro da aliança oposicionista, o PPS, sempre foi um sócio menor e de reduzido poder de fogo. A aliança lulista deu à oposição formal a alternativa de aderir ou de se encantoar em governos estaduais e prefeituras. O que talvez tenha apenas revelado o fundo pemedebista do próprio PSDB, que se mostrou um partido sem organicidade social suficiente para sobreviver como oposição fora do poder federal.

É muito comum ouvir que isso se deve a defeitos pessoais das lideranças de oposição ou ao ambiente econômico favorável do período, o que tornaria o governo imbatível, ou ainda a problemas de desenho institucional. O equívoco dessas interpretações não está apenas em atribuir seja a pessoas, à economia ou à política, a determinação em última instância de todos os acontecimentos. O equívoco está em não olhar todos esses elementos como um conjunto, aquele formado propriamente pela conjunção do novo modelo de sociedade social-desenvolvimentista com o pemedebismo.

Só existiu oposição de fato no país enquanto o PT lá esteve, sob o sistema polarizado do período FHC. Dotado de sólida base sindical e ancorado no movimento social organizado, o PT conseguiu sobreviver como oposição mesmo sem dispor de massa crítica em termos de máquinas estaduais ou municipais relevantes. É provável mesmo que a ausência de um conjunto de governos de estados e de municípios de peso tenha representado um dos fatores positivos relevantes para a eleição de Lula em 2002, que não tinha de defender administrações muitas vezes desgastadas e impopulares. A absoluta prioridade conferida pelo PT à eleição presidencial permitiu uma concentração de energia política que talvez não tenha paralelo na história do país. Impressiona a disciplina com que foi implantada a nova tática: o PT não teve dúvidas em sacrificar palanques e lideranças estaduais e regionais históricas sempre que isso pudesse redundar em benefícios para a candidatura presidencial.

Porém a ausência de uma oposição de fato a partir do final do segundo mandato de Lula não deve ser confundida com a ideia de que não há oposição alguma. Mas são posições de "situação" e "oposição" que se constituem no interior do próprio campo situacionista, no interior da própria base governista, conforme o momento e o tema em pauta, o que é típico de um sistema tornado monopolar em que domina a lógica pemedebista. O resultado é um jogo de soma zero para a democracia. O primeiro sinal dessa maneira de funcionar foi o lançamento da candidatura à presidência de Marina Silva em 2009, ministra de Lula desde o início, de 2003 a 2008, quando se demitiu do cargo. O segundo sinal veio em 2013, com as movimentações com vista a uma candidatura à presidência do governador de Pernambuco, Eduardo Campos, presidente do PSB, um aliado histórico e incondicional do PT e dos governos de Lula e Dilma.

Até a crise de 2008, o país cresceu a taxas relativamente robustas. E até 2008, a inflação estava em seu nível mais baixo desde 1994. Ou seja, nesse período, o governo Lula conseguiu produzir taxas de crescimento significativas com inflação sob controle e efeitos distributivos de renda importantes. Se se toma a primeira fase do governo Lula — de 2003 a 2005 —, a taxa média de crescimento do PIB (3,3%) já é melhor do que a taxa média dos oito anos do período FHC (2,3%), mas não significativamente melhor. Sobretudo, é insuficiente para fazer face à magnitude das desigualdades e mesmo ao mero acréscimo anual da força de trabalho.

Já no primeiro momento da segunda fase do período Lula — de 2005 a 2008 —, a taxa média de crescimento chegou a algo em torno de 4,5% e veio somada a uma significativa redução da desigualdade. É verdade que isso foi feito também com algum aumento da carga tributária (de 32% para 34% do PIB, aproximadamente), ainda que em um nível bastante inferior ao observado no período FHC (de 25% para 32% do PIB). O sinal de que o limite de tolerância havia sido atingido com relação à carga tributária se deu em 2007, quando nem mesmo um crescimento econômico vigoroso e uma taxa de aprovação do presidente arranhando os céus impediram que o governo fosse derrotado no Senado quando tentou prorrogar o chamado imposto do cheque, a CPMF.

A eclosão oficial da crise econômica mundial, com a quebra do banco Lehman Brothers, em setembro de 2008, foi a primeira de duas notícias bastante ruins e preocupantes para o governo. A segunda veio com o anúncio, em abril de 2009, de que Dilma Rousseff estava com câncer, um linfoma. A sequência de notícias ruins só foi contrabalançada pelo anúncio do Brasil como sede dos Jogos Olímpicos de 2016, ocorrido em outubro de 2009.

O marco inaugural da estratégia do governo Lula para combater a crise pode ser colocado no pronunciamento do presidente, em cadeia nacional de TV, em 23 de dezembro de 2008:

> Quero dizer, com toda a serenidade, que a crise não nos assusta. O país está preparado e tem comando. Seguiremos acompanhando com lupa a situação da economia, vinte e quatro horas por dia. O que tiver que ser feito, será feito. No tempo certo e na dose adequada. E sempre dialogando com o país. Mas é fundamental que todos façam sua parte. É importante que os empresários sigam investindo. É imprescindível que os trabalhadores defendam a produção e o emprego. Já o setor financeiro deve trabalhar para estimular o crédito e baixar os juros, que estão muito altos. E vocês, meu amigo e minha amiga, não tenham medo de consumir com responsabilidade. Se você está com dívidas, procure antes equilibrar seu orçamento. Mas, se tem um dinheirinho no bolso ou recebeu o décimo terceiro e está querendo comprar uma geladeira, um fogão ou trocar de carro, não frustre seu sonho, com medo do futuro. Porque, se você não comprar, o comércio não vende. E se a loja não vender, não fará novas encomendas à fábrica. E aí a fábrica produzirá menos e, a médio prazo, o seu emprego poderá estar em

risco. Assim, quando você e sua família compram um bem, não estão só realizando um sonho. Estão também contribuindo para manter a roda da economia girando. E isso é bom para todos.

Ao longo do segundo mandato de Lula, consolidou-se no núcleo duro do governo a ideia de que a única maneira de atender às exigências do sistema de metas de inflação sem comprometer os avanços em termos de diminuição das desigualdades e de melhora dos padrões gerais de vida seria alcançar uma taxa de crescimento, na média, próxima de 4% pelo menos. Com isso, as receitas públicas permitiriam a manutenção do superávit primário em 3,1% do PIB sem comprometer o controle da inflação, já que as taxas de juros continuaram muito altas. Foi assim que, além da meta de inflação, instalou-se como objetivo informal do governo a persecução dessa taxa média de crescimento. Dessa maneira, o funcionamento da política econômica passou a contar com duas metas a ser ajustadas.

Em um esquema como esse, a taxa de juros continua a desempenhar papel fundamental, ainda que seu lugar tenha passado a ser o de árbitro de um ajuste recíproco de metas. E não foi por outra razão que todo o governo — a então ministra da Casa Civil, Dilma Rousseff, à frente — se insurgiu contra a demora do Banco Central em baixar rapidamente a taxa de juros, mesmo depois da decretação oficial da crise econômica mundial. Nos dois mandatos de Lula em que Henrique Meirelles esteve na presidência do Banco Central, é possível que sua única atitude não guiada diretamente pela elite do mercado financeiro tenha sido a de manter a meta de inflação em 4,5% ao ano, quando o mercado pressionava por uma taxa mais próxima de 3%.

A tensão entre o Ministério da Fazenda e o Banco Central foi permanente durante o segundo mandato de Lula e só se resolveu a partir de dezembro de 2010, com a indicação de Alexandre

Tombini para o lugar de Meirelles. O choque de visões ficou claro na decisão do Ministério da Fazenda de não cumprir, para o ano de 2009, a meta de superávit primário, de maneira não apenas a contrabalançar a demora do Banco Central em baixar a taxa de juros, mas também para tentar impedir um resultado negativo para o PIB daquele ano. Uma medida que, lida pelo avesso, mostra também que o ambiente de crise foi fundamental para que essa nova política econômica começasse pouco a pouco a se estabelecer. Uma política que flexibiliza um ou outro elemento do sistema de metas de inflação se a meta de crescimento pretendida estiver em risco. Uma política que — obrigada a um ajuste para baixo — continuou sob a presidência de Dilma Rousseff.

Não fosse pela crise de 2008, qualquer proposta de políticas agressivas de dispêndio público do governo para sustentar crédito, emprego, renda e atividade econômica continuaria a ser classificada como crime de lesa-mercado. Tabus ainda mais antigos e duradouros foram desfeitos. Quem falasse em fortalecimento do mercado interno era considerado um sobrevivente dos anos 1960, um dinossauro econômico. Só que a demanda interna se mostrou um fator decisivo para impedir um retrocesso maior do crescimento em 2009. Mais que isso: as políticas de aumentos reais do salário-mínimo, de benefícios especiais da Previdência e dos programas de transferência de renda tiveram papel relevante no menor declínio da atividade econômica. Ficou transparente o caráter ideológico da defesa de que crescimento econômico só poderia se dar em detrimento da distribuição de renda, uma tese de longa duração no Brasil.

Manter o crescimento no maior patamar possível com inflação sob controle. Esse foi o pacto do governo Lula com o "povão". E foi um pacto também com todos os outros tipos de "povos", incluindo-se aí os atores que, além do "povão", podem ser chamados de grandes pactuadores: partidos, centrais sindicais, empresariado, setores ruralistas e mercado financeiro. Foi para manter esse pacto (mas com ajustes incontornáveis) que Dilma Rousseff foi eleita.

Por importantes que sejam, crescimento econômico, melhora dos padrões de vida e diminuição das desigualdades não explicam por si sós o desaparecimento da oposição. Mesmo o fato de o PSDB ter se mostrado um partido incapaz de continuar a ocupar a posição de polo do sistema, confundindo-se ao pemedebismo generalizado desse mesmo sistema, é insuficiente para explicar o desaparecimento do sistema bipolar do Real. Para isso, é preciso ver ainda que o governo Lula adotou a tática que parecia a mais improvável para o dirigente histórico do partido da Ética na política: resolveu ocupar o pemedebismo pela esquerda. Ao mesmo tempo, controlou os governadores e prefeitos de partidos de oposição (PSDB, essencialmente) "na boca do caixa". Liberou muito seletivamente recursos, celebrou ou não convênios, para os quais negociou diferentes contrapartidas, tudo conforme a conveniência política do momento. E esses recursos e convênios são essenciais para o futuro político (mesmo que meramente local) de figuras oposicionistas.

O emblema dessa atuação foi a defesa aguerrida que o governo fez de José Sarney em 2009, em um momento em que o presidente do Senado, durante mais de quatro meses, foi acossado por uma série de graves denúncias. O fato de Sarney ter mantido não apenas o mandato, mas a própria presidência do Senado, representou um marco no processo de pemedebização da política. Pois pouco antes, em setembro de 2007, a bancada do PT já havia salvado o mandato de Renan Calheiros (PMDB, Alagoas), que, entretanto, foi obrigado a renunciar ao cargo de presidente do Senado em dezembro do mesmo ano. Antes disso, a blindagem não havia se completado: entre o final de 2000 e maio de 2001, ainda no governo FHC, a luta campal entre os senadores

Jader Barbalho e ACM tinha resultado na renúncia de ambos e na consequente perda do cargo de presidente do Senado por parte de Jader. Não é de menor importância aqui que Sarney tenha sido reeleito presidente do Senado para o biênio 2009-11. Como também não o é que tenha sido sucedido no cargo exatamente por Renan Calheiros, em fevereiro de 2013.

Essa crescente blindagem do pemedebismo foi o preço que o governo Lula decidiu pagar não apenas para implementar seu projeto reformista, mas para tentar se manter no poder na eleição presidencial de 2010. Teve, para isso, os instrumentos convincentes do crescimento econômico, da diminuição das desigualdades, da alta concentração de recursos nas mãos do governo central, da melhora dos padrões gerais de vida, da popularidade nas alturas. É essa conjunção que pode explicar a longa transição que vai do travamento pemedebista dos anos 1980 até o "governo de ajuste" de Dilma Rousseff.

A eleição de Lula, em 2002, representou a primeira efetiva alternância de poder na redemocratização, com um sistema organizado em dois polos. A eleição de Dilma, em 2010, representou a primeira efetiva continuidade no poder em ambiente democrático estável. Pode-se dizer que a redemocratização se encerrou. Mas nem por isso o processo se completou: a pemedebização da política continua a ameaçar o aprofundamento do social-desenvolvimentismo. Também as Revoltas de Junho de 2013 mostraram que a pauta não era mais a da transição para a democracia, em que estava em jogo a estabilização econômica e política, e sim a do aprofundamento da democracia. Não por outra razão, são revoltas antipemedebistas por excelência.[23]

O "GOVERNO DE AJUSTE" DE DILMA ROUSSEFF: ALGUMAS PISTAS

O governo de Dilma Rousseff é certamente uma continuidade do governo Lula. Mas essa continuidade precisa ser caracterizada com mais precisão. Se o governo Lula usou a concentração de poder no governo central, herdada da engenharia do Real, para tornar a oposição residual e, no limite, formal, Dilma usou essa mesma concentração de poder para realizar os necessários ajustes no modelo econômico herdado, que, a partir do final de 2010, passou a operar no seu limite de capacidade.

Um quadro do problema seria mais ou menos o seguinte: o pacto do crescimento não pode ser mantido nos níveis em que terminou o governo Lula, altos demais para ser absorvidos sem aumento da inflação e sem o total estrangulamento da infraestrutura. Ao mesmo tempo, é necessário encontrar um patamar mínimo para o crescimento no interior do ajuste para baixo do modelo. O estímulo ao crédito e o aumento da renda têm de ser substituídos por uma mudança estrutural do aumento da taxa de investimento.

Tem-se no horizonte a ideia de que esse ajuste para baixo possa ser apenas temporário. Como é de reformas estruturais que se está falando, os resultados devem ser mais duradouros. É parte relevante do projeto a expectativa de que a sequência Copa do Mundo, Olimpíada e exploração da camada do pré-sal funcione também como importante alavanca para a taxa de investimento. Caso essa taxa alcance níveis próximos de 25%, seria possível pensar em um crescimento sustentável, a taxas robustas e constantes. Dito de outra maneira, o governo Dilma é, inicialmente, dentro da estratégia de longo prazo da ocupação pela esquerda do pemedebismo, um governo de transição.

É isso o que pode explicar o peso e a importância dados à mudança da política econômica e que culminou, no final de 2012, em uma taxa real de juros abaixo de 2% ao ano, algo inédito na história do país. Dilma colocou toda a força política de um governo em início de mandato na imposição ao mercado financeiro de uma nova política econômica. As medidas tomadas no governo Dilma começaram já em dezembro de 2010, quando o Banco Central iniciou uma reforma interna do sistema de metas de inflação, em que a taxa de juros deixou de ser o mecanismo quase que exclusivo de política monetária em favor de um balanço entre os muitos componentes da política econômica.

Costuma-se dividir o ciclo político-eleitoral, em todos os níveis administrativos, em duas metades: dois primeiros anos de contenção de gastos, restrições orçamentárias e formulação de políticas e projetos; e dois anos de realização de investimentos, inauguração de obras e consolidação de políticas públicas novas. Faz parte também do senso comum dizer que uma eleição recente traz consigo um capital político que deve ser usado logo no início do mandato para implementar as medidas restritivas características da primeira metade do ciclo.

Mas o governo de Dilma Rousseff não esteve em condições de conter gastos de maneira realmente radical nos dois primeiros anos. São muitas as razões para isso. Vão desde gastos contratados no governo Lula que se tornaram incontornáveis até todas as obras necessárias de infraestrutura — com destaque para a Copa do Mundo de 2014 e a Olimpíada, em 2016 —, passando por fatores ainda mais complicados, como o aumento relativo da conta de juros no início do mandato, antes do princípio do ciclo de queda das taxas de juros, começado em agosto de 2011, que levou as taxas a níveis historicamente muito baixos.

Os meios para conter gastos são limitados porque um forte arrocho denotaria uma ruptura do grande pacto político do governo Lula. O que significa que também o outro elemento do senso comum, o prestígio de uma presidente em início de mandato, não foi usado para impor medidas restritivas em sentido mais banal, mas para resolver uma equação política muito mais ampla e difícil, herdada do período Lula.

A orientação geral do governo Dilma é calibrar cada um dos elementos de política econômica de maneira a não comprometer nem o controle da inflação nem um mínimo de crescimento. Ou, em termos políticos, repactuar os grandes acordos sem prejudicar demais nenhum dos grandes pactuadores, buscando mostrar que o equilíbrio de forças anterior será mantido, ainda que em bases mais modestas. Uma calibragem desse tipo explica, por exemplo, por que o salário-mínimo não teve o aumento exigido pelas centrais sindicais, mas manteve a perspectiva de reajustes futuros. Explica por que a taxa de juros deixou de ser o mecanismo por excelência de combate à inflação nos dois primeiros anos do governo. As medidas de restrição ao crédito tomadas entre dezembro de 2010 e o primeiro trimestre de 2011 e as medidas de incentivo ao crédito tomadas a partir do final de 2011 ocorreram de modo gradual e caso a caso, de maneira a não apertar nem afrouxar demais o consumo.

Essa calibragem de câmbio e juros é delicada e não vem, por certo, sem tensões e problemas. Ao contrário do governo Lula, em que a ortodoxia neoliberal se manteve em silêncio obsequioso, o novo funcionamento do sistema de metas de inflação sob Dilma foi alvo de duras críticas desde o início de seu governo. Curiosamente, sob a forma de defesa da política econômica do governo Lula. Ainda mais curioso porque a ortodoxia neoliberal se postou como "observadora" da crise econômica mundial, como se suas políticas nada tivessem a ver com ela.

O governo Dilma pretendeu confirmar a exequibilidade do modelo estabelecido no governo Lula, mesmo que não nos patamares em que operou no ano de 2010. Note-se aqui a centralidade da política de desonerações seletivas de impostos à produção: reduz o custo do trabalho preservando os salários. Ou seja, as desonerações pretendem ser um instrumento de preservação da renda e de estímulo ao investimento. Além disso, do lado do investimento social direto do modelo, basta ver que nenhuma de suas rubricas mais salientes dos programas sociais no Orçamento sofreu cortes no governo Dilma. Os grandes programas sociais de seu governo — o Minha Casa, Minha Vida e o Brasil sem Miséria (com destaque aqui para o Brasil Carinhoso) — não só não foram afetados como registraram expansão significativa.

Todas essas movimentações não vieram sem percalços para a articulação política do governo. Até a queda do então ministro da Casa Civil, Antonio Palocci, em junho de 2011, em razão de uma denúncia sobre a compra de um apartamento de luxo em São Paulo enquanto desempenhava o mandato de deputado federal, havia uma espécie de divisão do trabalho. Do ponto de vista da imagem pública, Dilma ia para o confronto, enquanto Palocci procurava traduzir da maneira mais pemedebista possível para o sistema político o estilo impositivo da presidente.

A queda de Palocci provocou um vácuo nesse pêndulo de governo. Foi quando Lula realizou uma operação desastrada de salvamento, postando-se em Brasília por quase uma semana e tomando o lugar de articulador oficial do governo. Operação desastrada porque tirou de Dilma a autoridade que lhe deveria caber em um momento em que seu governo mal tinha começado. Mas o principal objetivo da intervenção foi alcançado: reafirmar publicamente o fato de que Lula seria o garante em última instância do governo Dilma.

Foi também nesse momento que Dilma escolheu dois nomes bastante afinados com sua maneira de negociar para ocupar postos-chave dentro do governo. Dividindo duas ordens de funções que estavam concentradas no trabalho de Palocci, escolheu Gleisi Hoffmann, senadora pelo PT do Paraná, para a Casa Civil, que ficou encarregada de gerenciar todo o andamento do governo. Para as Relações Institucionais, escolheu a ex-senadora Ideli Salvatti, candidata derrotada do PT em 2010 ao governo de Santa Catarina. As duas ministras vieram se unir a Miriam Belchior, que já ocupava o Planejamento. As três compuseram o trio gerencial do governo até 2013, quando ganhou destaque na articulação política do governo o ministro da Educação, Aloizio Mercadante.

No seu primeiro ano e meio de mandato, Dilma se distinguiu pela imagem de "queda de braço" com o sistema político. O ambiente de início de mandato foi de "excesso de adesão", mesmo para um governo que já nasceu sob o signo da supermaioria pemedebista. Praticamente todos os partidos queriam aderir. Dilma pôde surgir então como aquela que não contorna os muitos e vários vetos encastelados no sistema político para agir, mas confronta esses vetos.

A continuidade da aliança lulista é clara sob esse aspecto: Dilma se colocou como representante do "povão" dentro do sistema político pemedebista. Ela conseguiu surgir, no início do seu governo, *também* como representante do antipemedebismo no coração do sistema político pemedebizado. Esse foi o lugar que Dilma encontrou primeiramente para se apresentar à sociedade e para se comunicar com ela. Coisa que, aliás, explica o apoio que encontrou de início na chamada classe média tradicional, avessa a Lula e sempre pronta a atirar a primeira pedra contra as mazelas históricas da política nacional. Dilma mobilizou e canalizou a seu favor a legítima ojeriza da sociedade à desfaçatez do sistema político. Como se ela própria não dependesse do pemedebismo que combateria "de dentro" para governar. Com isso projetou primeiramente uma imagem de uma presidente que "não se mistura à baixaria", que se mantém "a salvo da contaminação".

De acordo com a primeira imagem pública que estabeleceu, Dilma não negociava; perdia ou ganhava, vencia ou capitulava.

Ou, a bem da precisão: comprava briga sobre todas as questões, mas, se fosse necessário, aceitava perder em temas que não fossem vitais à manutenção do pacto de que era a fiadora e pelo qual tinha sido eleita. De modo que havia mesmo certo efeito diversionista em comprar todas as brigas, em não deixar passar nada em branco. Afinal, a presidente se mostrou disposta a demitir todos os ministros do PMDB por causa da votação do novo Código Florestal na Câmara dos Deputados, em abril de 2011. Um tema importante, mas nem de longe entre aqueles vitais para a manutenção do pacto com o pemedebismo. Além disso, um tema de projeção internacional, cujo crédito foi resgatado — na medida do possível, em se tratando de uma conferência fracassada — na Rio+20, em 2012.

Um efeito colateral inesperado da política da queda de braço foi o de ampliar, temporariamente pelo menos, o raio do cordão sanitário antipemedebista dentro do governo. Desde o período FHC, passando pelo governo Lula, há um conjunto de ministérios que é preservado do pemedebismo. Os exemplos clássicos são Educação, Saúde e os da área econômica. O que Dilma fez foi usar a tática da queda de braço para tentar esticar o cordão sanitário até o Ministério dos Transportes, em intervenção branca realizada em julho de 2011. A intervenção não conseguiu sobreviver ao resultado das eleições municipais de 2012, mas, pelo menos durante um período, o governo teve relativo controle sobre esse ministério vital para as obras de infraestrutura da Copa e, de maneira mais ampla, as obras do próprio PAC. Esse exemplo é suficiente para indicar que essa linha de ação não poderia prosseguir com a chegada das eleições municipais de 2012, em que todo tipo de aliança foi celebrado por toda parte.

O pemedebismo pode aceitar certo atraso ou mesmo um parcelamento no pagamento de sua parte do butim. Mas nunca perdoa uma dívida. E foi aqui que a ausência de Palocci se fez sentir mais duramente: nos primeiros testes importantes em que o governo necessitou de sua base — no mês de maio de 2013, na emblemática votação da chamada MP dos Portos —, a crise, especialmente com o PMDB, chegou ao limite da ruptura. O diálogo com as ministras Ideli Salvatti e Gleisi Hoffmann foi simplesmente rompido, mostrando a instabilidade do arranjo. As Revoltas de Junho de 2013 enterraram de vez a nova versão de articulação política montada por Dilma após a queda de Palocci. E colocaram a descoberto não somente um modelo de gerenciamento político e econômico herdado do governo Lula, mas a lógica de funcionamento do sistema político como tal.

Considerações finais, perspectivas: as Revoltas de Junho e tendências do novo modelo de sociedade

As Revoltas de Junho de 2013 não foram raio em céu azul. Em nenhum momento a sociedade deixou de protestar contra a blindagem do sistema político, segundo diferentes pautas e reivindicações. Greves, ocupações, resistência a ações policiais, protestos, não deixaram de acontecer. Porém o caráter de massa e nacional das Revoltas de Junho conseguiu por fim abrir um enorme rombo na blindagem pemedebista tão cuidadosamente construída ao longo de todo o processo de redemocratização. Confrontaram o sistema político e sua lógica de funcionamento desde a base, exigindo sua reforma radical. Mas as Revoltas de Junho vão muito além disso: colocaram em novo passo o "imobilismo em movimento" que caracterizou o processo de redemocratização.

Em uma democracia viva, as fronteiras do que é "o possível" estão constantemente em questão, deixam de ser óbvias e naturais. Questionar um aumento de tarifa de transporte significa também questionar como são elaborados os orçamentos públicos, como são executados, como são estabelecidas as prioridades. O mesmo vale para os protestos contra gastos com megaeventos como a Copa do Mundo e a Olimpíada. Marcam certa estabilização do processo de urbanização do país, estabelecendo a cidade como espaço político por excelência de disputa política. Mas vão ainda além disso: questionam as fronteiras entre Estado e sociedade, entre Estado e mercado, mostram que não há nenhum tipo de desenho "natural" para as instituições, que não há espaços predeterminados, rígidos e imutáveis, para a participação e a deliberação da cidadania.

Ao gritar e escrever "Não me representa", quem se manifesta não quer apenas que o sistema político mude seu modo de funcionar: pretende mudar o jeito como a representação política é entendida. Não quer apenas votar periodicamente e guardar apenas a esperança de ser devidamente representado pelas instituições formais. Pretende encontrar novos caminhos de participar da política, tanto institucional quanto cotidiana. Pretende que mecanismos tradicionais de representação, como o voto, sejam acompanhados de outras formas de participação e de representação, de formas de participação direta, de mecanismos de deliberação colegiados, de órgãos de controle da representação próximos do seu alcance. Algumas dessas novas formas até já podem existir, mas não têm efetividade, não alcançam o coração do sistema político. Não se trata de abolir as formas de representação existentes, simplesmente, mas de mudar seu sentido, de criar mecanismos que convivam com elas e que mudem seu modo de funcionamento, de retraçar as fronteiras entre a sociedade e suas instituições formais.

São pelo menos duas as dimensões da crítica que surgiu das ruas. É um combate contra a forma como operam e funcionam os partidos e o sistema partidário existentes; mas dirige-se também muitas vezes contra a própria *forma* partido. Nesse sentido mais profundo, conecta-se com tantos outros movimentos pelo mundo que partilham o objetivo de aprofundar a democracia no sentido de construir novas instituições, formais e sociais, de representação, participação e deliberação políticas. Democracia como forma de vida não tem país ou fronteira política. A parcela de participantes das Revoltas de Junho que se organizou fora dos partidos e das organizações sociais tradicionais trouxe um impulso auto-organizativo novo. A recusa de lideranças no sentido tradicional, a horizontalidade dessas formas organizativas aponta para um horizonte de radical auto-organização da sociedade como realização da democracia.

As Revoltas de Junho não têm lideranças, palanques nem discursos. As passeatas se formam, se dividem e se reúnem sem roteiro estabelecido. É difícil até mesmo prever onde vão surgir e ganhar corpo. Organizam-se a partir de catalisadores nas redes sociais e no boca a boca das mensagens de texto. Tão importante quanto se sentir parte é fazer a sua própria manifestação, é encenar a individualidade sem diluí-la no coletivo, sem colá-la em uma liderança ou grupo. Mesmo fora do âmbito dos novos grupos que se reúnem em torno de ideias radicais de auto-organização, a recusa da subordinação se fez presente de diferentes maneiras.

Foi uma nova cultura política democrática que, apesar de um sistema político amorfo e blindado, se formou na base da sociedade e irrompeu nas ruas. As Revoltas de Junho produziram um incontável número de grupos de discussão, presenciais e virtuais. Não produziram apenas manifestações de massa, mas abriram caminho para que uma impressionante quantidade de protestos menores, localizados, se espalhasse pelo país. As reivindicações e passeatas se multiplicam, levantando problemas de bairro e de rua, problemas locais, regionais, nacionais, mundiais, tudo ao mesmo tempo. Irrupções nas periferias que se dirigem contra o absurdo das horas de vida perdidas dentro do transporte público, contra os baixos salários, contra a péssima qualidade dos empregos, em um país que se encontra em situação próxima do pleno emprego. O caso do transporte público é também exemplo de como a estratégia de crescimento econômico por meio do estímulo ao consumo cobrou sua conta: com seu exército de novos automóveis, levou o caos urbano ao limite do intolerável.

Também aqui ruiu mais um dos pilares da ideologia pemedebista: a certeza de que a melhora das condições de vida é suficiente para garantir apoio político, de que a situação econômica determina completamente a decisão política. Como se fez ao longo deste livro, não se trata de ignorar a enorme importância de fatores materiais diretos na eclosão das Revoltas, como a inflação (a carestia da alimentação, especialmente) ou o alto preço do transporte público. Mas parece também claro que apenas esses elementos não são capazes de explicar as razões da revolta. O caráter de defesa do novo modelo social-desenvolvimentista contra possíveis retrocessos vem articulado, do lado ofensivo, a reivindicações para seu aprofundamento. E o novo modelo de sociedade que se consolida vai muito além da esfera material-econômica mais direta.

É como se o país descobrisse que democracia também significa que seus problemas cotidianos não são apenas pessoais, locais, isolados, desimportantes, mas parte de uma ampla irrupção democrática. Não encontrando expressão política, as insatisfações simplesmente explodem, de maneira violenta, inclusive. Todos os confrontos que o sistema neutralizou à força de pemedebismo irromperam nas ruas.

Toda essa vitalidade democrática só cabe mesmo em uma sociedade inteiramente auto-organizada. Não cabe em um sistema político separado da sociedade. Nem no Brasil nem em lugar algum. E, no entanto, apesar do impressionante ímpeto auto-organizativo dos novos grupos políticos que deram início às manifestações, as Revoltas de Junho não tiveram no seu horizonte uma abolição da fronteira entre sociedade e sistema político. Sua visada foi a de uma reforma radical desse sistema.

Isso não significa que o sentido das Revoltas esteja dado e fixado. Pelo contrário, o sentido e o significado das experiências de junho continuarão a ser construídos, nas ruas, nas diferentes tentativas de sistematização e explicação. Entre essas intervenções, há que contar também com aquelas que defendem a ideia de que as Revoltas não foram assim tão importantes, ou que sua relevância não se estende para além das irrupções do mês de junho. Contra essas interpretações, é preciso guardar da experiência das Revoltas tanto os impulsos generosos que não cabem dentro de um sistema quanto o movimento limitador (mas também democrático) que pretende institucionalizá-los em nova configuração. Perder um desses dois momentos dessa experiência democrática é perder o seu sentido mais profundo. Sempre fazendo a ressalva de que uma reforma radical do sistema político vai muito além de uma "reforma política", e mais além ainda de uma mera "reforma eleitoral", ainda que estes sejam momentos relevantes e legítimos de um movimento de reforma mais amplo e profundo.

Este livro se empenhou em mostrar como o declínio do projeto nacional-desenvolvimentista e da ditadura militar deu paulatinamente lugar a uma cultura política democrática peculiar, um conservadorismo a que se deu aqui o nome de pemedebismo. Pretendeu mostrar como os avanços sociais, políticos e econômicos alcançados a partir de meados da década de 1990 resultaram antes de um direcionamento dessa cultura política do que do seu enfrentamento direto e sistemático. À medida que foi se firmando um novo modelo de sociedade, social-desenvolvimentista, também foi se formando na base da sociedade uma nova cultura política que lhe corresponde, enquanto o sistema político permaneceu dominado pelo pemedebismo. O resultado desse movimento de mais de três décadas trouxe com ele uma normalização do pemedebismo, com sua blindagem característica do sistema político contra a sociedade. Mas trouxe igualmente a incompatibilidade entre a nova cultura política correspondente ao social-desenvolvimentismo e a cultura política pemedebista.

Realizado o percurso, é o momento em que habitualmente se exige de quem fez o diagnóstico da situação que proponha também o "remédio", a "solução". De certa maneira, é uma exigência legítima. Afinal, a proposta de linhas de ação é necessária também para que se possam discutir mais concretamente as próprias análises realizadas. Mas a exigência pode também encobrir momentos fundamentais da vida democrática, que irromperam nas Revoltas de Junho. Porque a exigência pode pressupor que o remédio, a solução, vá sair da cabeça de uma pessoa, de alguém que propõe uma forma de entender a história recente do país, quando ela tem de ser obra coletiva. A exigência pronta e imediata de soluções costuma encobrir o momento mais importante de qualquer análise: a discussão sobre a plausibilidade e o interesse do próprio diagnóstico. A solução, como obra coletiva, passa pela discussão pública e aberta dos diferentes diagnósticos, das diferentes maneiras de entender a situação passada e a presente do país.

Além disso, também sob outro aspecto a exigência do remédio, da solução, pode encobrir elementos fundamentais da disputa política. Remédios e soluções são geralmente entendidos como mudanças institucionais, como alterações da legislação. Mas há elementos decisivos da cultura política democrática de uma sociedade que não podem ser imediatamente traduzidos em termos institucionais. Uma democracia demonstra vitalidade quando a cultura política que a sustenta vai além de suas instituições formais, penetra na vida cotidiana de maneiras que a linguagem estritamente jurídica não é capaz de traduzir nos termos do sistema político. Característica da democracia como forma de vida é que suas potencialidades excedem cada uma de suas configurações institucionais determinadas.

E, no entanto, ao tratar aqui de possíveis remédios e soluções, a limitação própria do ponto de vista do sistema político é incontornável. Por isso mesmo, de uma perspectiva crítica, esse ponto de vista nunca pode ser tomado como absoluto, como ponto de fuga único do pensamento e da ação. É preciso ter sempre presente que o ponto de vista próprio do sistema político é incapaz de expressar a vida política democrática da sociedade em toda a sua amplitude e riqueza. Também por isso, a atitude que me parece a mais interessante não é tomar as considerações que se seguem como receitas para a solução de todos os problemas, mas como maneiras de tornar a discussão das alternativas de ação mais vivas e fecundas.

À medida que um novo modelo de sociedade, social-desenvolvimentista, foi se firmando, foi se formando também na base da sociedade uma nova cultura política, ao passo que o sistema político permaneceu regido pelo pemedebismo. De modo que seria possível resumir o diagnóstico em uma formulação ambivalente. Tanto o "neoliberalismo" do período FHC quanto o que se chama de "lulismo" são figuras do pemedebismo, são configurações mais avançadas dessa cultura política inerentemente conservadora. Mas são também momentos e figuras da construção do social-desenvolvimentismo que se cristalizou a partir do segundo mandato de Lula. Se a própria consolidação do social-desenvolvimentismo só se deu acoplada a certa instrumentalização do pemedebismo, isso tornou o pemedebismo algo de normal e aceitável, algo justificável em vista da conquista de avanços sociais. Pelo menos até que viessem as Revoltas de Junho de 2013.

Quando se pensa democracia em sentido amplo, como forma de vida, avanços sociais, especialmente contra as desigualdades, são também avanços democráticos. Mas isso não torna aceitável barganhar menos desigualdade pela aceitação de uma cultura política democrática de baixo teor democrático. As duas coisas têm de vir juntas. Se se abstrai de um desses aspectos, o que se perde é a própria possibilidade de crítica e de transformação, de diagnóstico e de ação.

A superação do travamento pemedebista da transição democrática e a consequente estabilização econômica permitiram que as desigualdades — de renda, de poder, ambiental, de reconhecimento social — fossem para o centro da arena e da disputa política. Em ambiente democrático, essa primazia da desigualdade levou à construção de um modelo de sociedade social-desenvolvimentista, um modelo que, ainda em estado de esboço, sem contornos muito definidos, remonta ao período da Constituinte de 1988. Esse modelo se consolidou na era Lula, de tal maneira que se pode dizer que, nesse momento, não apenas a transição democrática se completou, mas também a transição para um novo modelo de sociedade, diferente e distinto do anterior, do nacional-desenvolvimentismo.

Entretanto, o caminho efetivo que tomou a luta política para chegar a esse objetivo — a tática de dirigir o pemedebismo — levou a uma naturalização dessa cultura política essencialmente conservadora. É como se se dissesse que, apesar de toda a indignação manifesta contra a política oficial, esse seria o limite incontornável da marcha para a construção de um país menos indecente. Essa é a ideologia do pemedebismo normalizado que se trata de criticar e de combater, de maneira a abrir caminho para um aprofundamento do social-desenvolvimentismo.

Pensar o social-desenvolvimentismo em termos de uma nova base social de fundo, comparável ao nacional-desenvolvimentismo que o precedeu, significa não apenas tirar do horizonte a possibilidade de uma regressão ao modelo anterior; significa igualmente o enfrentamento aberto do pemedebismo. Significa criar condições para produzir uma aceleração do passo de implantação do projeto social-desenvolvimentista, um aprofundamento efetivo da democracia, e não a convivência com uma cultura política conservadora, que se legitima ideologicamente por meio do desalentador bordão da "governabilidade". Mas, aqui, as tendências parecem longe de apontar para uma única direção.

A longa ocupação pela esquerda do condomínio pemedebista trouxe também uma renovação do próprio pemedebismo no horizonte, com o surgimento de um pemedebismo "repaginado", "jovem guarda".[24] Essa nova constelação pode significar um acúmulo de forças suficiente para manter e reforçar os bloqueios a uma aceleração na implementação do projeto social-desenvolvimentista. O que, não por acaso, vem junto com a ideia desalentadora de que o PMDB (e o pemedebismo, de maneira mais ampla) seria fiador da estabilidade política e da própria democracia brasileira. Como se o pemedebismo do sistema fosse ele mesmo o fiel depositário da estabilidade política, econômica e social do país.

Em vista das injustiças históricas do país, certamente não foi pouco fincar no novo modelo de sociedade cláusulas de solidariedade social e de ampliação da participação e da representação políticas. Conjugadas a uma conjuntura internacional favorável e a taxas de crescimento econômico significativas durante o período Lula, repetidas em anos consecutivos, essas novidades trouxeram também o ressurgimento no horizonte de um país com algum futuro, com a perspectiva de que a geração seguinte viverá melhor ou pelo menos tão bem quanto a anterior.

Mas esse processo já se realizou. O pacto do PT com o pemedebismo que o alçou à condição de síndico do condomínio do sistema político já foi realizado e já produziu as transformações possíveis dentro dessa correlação de forças. E não há, de fato, oposição.

O pemedebismo já assimilou muito bem a mudança. Mais do que isso, usou a mudança para se consolidar em sua posição incontornável de controle da velocidade (e mesmo da continuidade) da transformação social.

As Revoltas de Junho colocaram a nu o esgotamento do modelo político-econômico que corresponde à fase "lulista" do projeto social-desenvolvimentista; colocaram o desafio não apenas de evitar retrocessos, mas de alcançar a próxima figura do modelo, pensando em metas tão essenciais como a abolição do mercado informal de trabalho, ou mesmo a necessária universalização com qualidade da saúde e da educação públicas. Ou ainda a consolidação, em termos constitucionais, de programas de transferência de renda como o Bolsa Família. Ou um desafio ainda mais complexo, como criar as condições para a transição ambiental rumo a uma economia de baixo carbono. Apenas para ficar em alguns exemplos.

É de lamentar ainda que o próprio PT tenha contribuído para a perda de vitalidade da democracia no país ao diminuir substancialmente práticas inovadoras como a do chamado Processo de Eleição Direta (PED) no caso da escolha de candidaturas a cargos majoritários, em que, depois de uma série de discussões e debates, o conjunto dos integrantes do partido podia escolher aquela que lhe parecesse a melhor opção eleitoral. Um grande avanço na luta contra uma cultura política pemedebista, processos como esse são hoje bem menos utilizados no partido. Perguntado sobre se a fórmula de escolher um candidato novo adotada para a candidatura de Fernando Haddad à prefeitura da capital paulista em 2012 iria se repetir para as eleições a governador do estado de São Paulo em 2014, o próprio Lula, em entrevista ao jornal *Valor Econômico*, em março de 2013, respondeu o seguinte:

> Hoje temos condições de ver cientificamente qual é o candidato que o povo espera. Por exemplo, quando o Haddad foi candidato a prefeito, eu nunca tive qualquer preocupação. Todas as pesquisas que a gente trabalhava, as qualitativas que a gente fazia, todas elas mostravam que o povo queria um candidato como ele.

Se a escolha se tornou "científica" (e a chefia do laboratório não cabe apenas a Lula, mas também a João Santana), se o problema é se decidir pelo "candidato que o povo espera", não há mesmo sentido em aprofundar a democracia também no interior dos partidos.

Desalento semelhante acontece no caso das acusações mútuas de aparelhamento do Estado, já que nenhum acusador questiona o fato inteiramente absurdo de que existem cerca de 22 mil cargos comissionados (o número exato é controverso) a ser preenchidos pelo condomínio que ocupa o poder federal. Ou ainda, por exemplo, quando se considera o descaso em relação ao dever de tornar mais transparente o Orçamento federal, hoje mais do que nunca peça de ficção. Como escreve um observador atento do problema:

> Em anos recentes, o saldo de despesas de um ano fiscal que são pagas em anos posteriores, os chamados restos a pagar, tomou uma dimensão tão grande que hoje se observa a execução de "orçamentos paralelos". O saldo de restos a pagar era de 44 bilhões de reais (10% da despesa primária do governo federal), em 2007, e passou para 178 bilhões de reais no início de 2013 (20% da despesa primária projetada para 2013).

Somado a todos os muitos outros exemplos de intransparência no que diz respeito ao Orçamento, tem-se uma situação em que se "o Orçamento continuar sendo meramente uma peça decorativa, o Executivo, via contingenciamento, continuará decidindo o que é prioritário, o Congresso Nacional continuará não exercendo plenamente sua função constitucional [...]".[25]

Historicamente, a única forma de oposição ao pemedebismo que se configurou no país até a eleição de Lula, em 2002, foi aquela que ficou conhecida pela bandeira da Ética na política.

Essa maneira de se opor ao pemedebismo foi desde sempre abstrata e, no limite, antipolítica, ainda que tenha tido serventia eleitoral pouco desprezível. Seu caráter antipolítico se revelava, não por último, pelo fato de apelar para uma renovação da prática política que viria da ascensão de determinadas pessoas e/ou partidos ao poder, e não de avanços institucionais concretos. Algo que se repetiu, ainda que já com algum grau de politização, a partir de meados dos anos 2000, no mote então bastante frequente do "republicanismo", da exigência de um "funcionamento republicano das instituições".

Se a bandeira da Ética na política já carregava o pesado e ilusório ônus da antipolítica na sua origem, levantá-la novamente nos mesmos termos é mera farsa. Depois do episódio do mensalão e do desaparecimento dessa bandeira do debate público, a pergunta não tem de ser como retomá-la, mas como aprender com seus equívocos. O pemedebismo é, por natureza, despolitizador, de maneira que a bandeira antipolítica da Ética na política não fez senão reforçar sua lógica e seu domínio como cultura política de fundo no país, como ficou claro após 2005.

Do ponto de vista do debate público, fomentar a produção de alternativas reais de ação e discuti-las politicamente é uma das frentes de combate ao pemedebismo. E, no entanto, expressões dessas energias antipemedebistas no sistema político são ainda fracas e incipientes, quando não francamente ambíguas. Como foi o caso, por exemplo, do movimento realizado em torno da Lei da Ficha Limpa, que teve o grande mérito de ser o primeiro movimento a furar o bloqueio do sistema político desde o período da Constituinte, mas que, ao mesmo tempo, pareceu ainda funcionar sob a bandeira, pretensamente apolítica, do "combate à corrupção". Mas, abstraindo das muitas dificuldades de formulação que apresenta o próprio texto da lei proposta e das palavras de ordem ainda um tanto próximas do slogan da Ética na política, tratou-se de uma proposta de *mudança institucional*. A lógica da Ética na política jamais havia conseguido alcançar tal concretude — exatamente porque perderia, com isso, muito de seu apelo.

Do ponto de vista das correlações de força internas do sistema político, o combate ao pemedebismo envolveria pelo menos duas frentes de ação simultâneas. Em primeiro lugar, seria preciso superar o travamento de um jogo político que já não se dá entre situação e oposição, mas entre o declínio inapelável de um sistema organizado em dois polos e a pemedebização. Do ponto de vista técnico-político, esse é um dos problemas mais prementes de solução. Um dos requisitos mínimos para tentar superá-lo seria, por exemplo, garantir condições institucionais para que uma oposição (seja qual for, frise-se) possa sobreviver e atuar de maneira enfática fora do poder na esfera federal.

Em ambiente de disseminado pemedebismo, isso envolveria, entre outras coisas, realizar um movimento oposto àquele que foi necessário para alcançar a estabilização econômica e política com o Plano Real e para a instalação do social-desenvolvimentismo: reverter o processo de altíssima concentração de recursos orçamentários em poder da União. Não para perder a necessária unidade de políticas nacionais de aprofundamento do social--desenvolvimentismo. Não para voltar ao antigo travamento pemedebista dos anos 1980. Mas para garantir a estados e municípios independência e autonomia de fato na gestão de uma quantidade de recursos compatível com suas funções e atribuições, o que hoje inexiste na prática. Para fazer com que todos os entes federados participem conjuntamente, de diferentes maneiras, com diferentes projetos de implementação democraticamente gestados, com diferentes exercícios de criatividade e de imaginação institucional, da efetivação de políticas social-desenvolvimentistas mais avançadas.

Se não for assim, assembleias legislativas e câmaras municipais permanecem desvitalizadas, sem pauta própria e sem poder efetivo de mudança.[26] E a própria participação cidadã fica longe de um terreno de atuação privilegiado. É claro que um movimento como esse não vem sem riscos. É possível que resulte em recuos no aprofundamento do social-desenvolvimentismo. Mas aprofundar a democracia traz mesmo riscos. Por outro lado, seria a primeira vez na história do país em que uma descentralização de recursos e de poder, com o fortalecimento de estados e municípios, ocorreria sob ambiente democrático.

Por outra parte, é verdade que é difícil, no entanto, imaginar em que condições um tal novo pacto federativo poderia efetivamente se dar, para além dos discursos de ocasião e dos artigos acadêmicos bem-intencionados. Ou seja, é difícil pensar em que termos tal problema crucial poderia ser traduzido em palavras de ordem e mesmo slogans eleitorais. Mas, ao mesmo tempo, o que fascina e surpreende na democracia são justamente sua inventividade e capacidade de criação de novos espaços e de novas estruturas institucionais. Uma mudança desse porte poderia resultar até mesmo de um julgamento do STF, por exemplo.

A segunda possível frente de ação estaria na formação de um bloco no poder mais enxuto e aguerrido, unido em torno de um programa comum de reforma institucional claramente antipemedebista e direcionado a uma aceleração dos aspectos distributivos do novo modelo social-desenvolvimentista.[27] Uma configuração como essa pode levar a mudanças de relevo no próprio cenário partidário em um sentido que não é apenas o da lógica pemedebista de mudar as correlações de força dentro do bloco no poder. Pode levar à fusão de partidos e à criação de siglas que representem avanços no sentido da polarização do sistema e do combate ao pemedebismo.

Uma frente de ação contra o pemedebismo que recuse o princípio da formação de supermaiorias parlamentares é tanto mais interessante porque um bloco no poder mais enxuto e aguerrido teria necessariamente de recorrer à sustentação da opinião pública, teria de conquistar apoio popular suficiente para manter sua luta contra o pemedebismo. E isso significa necessariamente aprofundar a democracia, significa trazer para a discussão novas vozes e novos atores, tornando mais plural e mais denso o debate público.

Não correr o risco de aprofundar a democracia apresenta grande perigo de congelar um resultado conservador. Significa nada menos que dar por sabido e estabelecido que não há alternativa ao pemedebismo, que o atual passo do social-desenvolvimentismo é o máximo a que se pode aspirar. Conformar-se a um arco de alianças de tipo pemedebista significa nada menos que se conformar com um debate público e um sistema político que não produzem diferenciações reais, mas tão somente uma guerra política de posições em que ninguém sai de fato do lugar. Uma guerra em que a eventual conquista de uma trincheira significa ganhar poder de mando sobre seu pequeno território e poder de veto sobre iniciativas alheias que ameacem essa trincheira.

Sem oposição, à direita e à esquerda, não há debate real de alternativas. O que se tem é um contingente cada vez mais fragmentado de grupos preparados para assumir o poder, caso este lhe caia no colo. Grupos que não têm outra perspectiva de atuação política senão a expectativa de que o governo fracasse. Essa oposição passiva é típica de uma pemedebização mais geral da política, em que não há reais polarizações, mas apenas um caldo de cultura comum indistinto, partilhado por todos os atores.

O que não vem sem consequências também para o funcionamento do próprio governo. Porque a existência de uma oposição presente e atuante obriga as dissensões existentes em qualquer governo democrático a encontrar uma convergência, a superar diferenças em direção a uma posição unitária de maneira a enfrentar nas melhores condições a disputa parlamentar e o debate público de modo mais amplo. E obriga a oposição não apenas a combater a posição governamental, mas a produzir alternativas de solução para o problema apresentado, de tal maneira que o próprio horizonte de ação se amplia, tanto quanto o debate sobre o tema em questão.

Por importante que seja, essa discussão institucional é apenas um aspecto do enorme potencial de transformação que vem com a irrupção das energias sociais de protesto. A nova cultura política democrática, em formação na base da sociedade, já mais próxima do social-desenvolvimentismo, transborda de muito o sistema político. Mostra que a democracia se enraizou na vida cotidiana. Essas reservas profundas de energia democrática são o que há de mais precioso para a libertação da sociedade. Não se esgotam em formas institucionais determinadas, descortinam horizontes utópicos que não podem ser alcançados senão na auto-organização radical da sociedade. Nem por isso, entretanto, deixam de exigir a reforma radical das formas institucionais existentes, a eliminação do pemedebismo que ainda domina o sistema político. Para que possa se iniciar uma nova etapa das lutas democráticas na história do país.

Agradecimentos

Este livro teve o privilégio de contar com o rigoroso escrutínio e o generoso apoio de Flávio Moura e Lilia Moritz Schwarcz; e de Ricardo Terra, Maria Cristina Fernandes, Marcio Sattin, Miriam Dolhnikoff e Fernando Rugitsky. Têm o meu mais profundo agradecimento e nenhuma responsabilidade pelos meus erros e desacertos. Como também é o caso de todas as pessoas que colaboraram de diferentes maneiras para o desenvolvimento do trabalho em suas muitas versões e etapas: Idelber Avelar, Fernando de Barros e Silva, Bianca Tavolari, Marcelo Nobre, Berta Bechara, Bia Abramo, Samuel Rodrigues Barbosa, Ester Rizzi, Flavio Pinheiro, Giovana Pastore, Ricardo Mendonça, Paulo Fábio Dantas Neto. A Adriano Januário devo um agradecimento muito especial, proporcional à incansável e inestimável assistência que prestou na fase final de redação. A João Moreira Salles e à redação de *piauí* devo algumas das formulações utilizadas, resultado do processo de edição de um texto que publiquei na revista em 2010, etapa importante no processo de elaboração deste livro.

Com Vinicius Torres Freire escrevi um dos textos que serviram de apoio para a redação deste livro, que não seria o que é sem sua amizade e sua crítica sem concessões.

Foram oportunidade preciosa de elaboração das teses que defendo aqui os cursos em nível de mestrado que ministrei na Universidade de Auvergne (Clermont-Ferrand, França) entre os anos 2006 e 2011, a convite de Klaus-Gerd Giesen. Também na França, pude ainda contar sempre com a parceria e o apoio do laboratório NoSoPhi (Normes, Sociétés, Philosophies), da Universidade de Paris I, liderado por Jean-François Kervégan. Uma apresentação condensada da tese principal da primeira versão do livro foi exposta em uma conferência, em 2008, no Instituto Latino-Americano da Universidade Livre de Berlim, Alemanha, a convite de Sérgio Costa. Em um seminário no Cedec, em São Paulo, em 2011, na companhia de Brasílio Sallum Jr., Sebastião Velasco Cruz e André Singer, e com mediação de Jefferson Goulart, tive oportunidade de apresentar uma formulação já mais próxima da que se encontra neste livro.

No início de 2013, a convite do PET-Capes/Filosofia da USP, debati com André Singer o seu livro *Sentidos do lulismo* (São Paulo: Companhia das Letras, 2012), com mediação de Mateus Toledo, o que foi tão útil no processo de redação final do texto que decidi incluir como Anexo a intervenção de abertura que fiz então. Este livro não seria o que é sem as Revoltas de Junho e a tentativa que fiz de apresentar uma sistematização dessa experiência multifacetada em *Choque de democracia. Razões da revolta*, livro eletrônico lançado ainda no mesmo mês de junho de 2013 pela Companhia das Letras.

O processo de redação contou com o apoio de dois Projetos Temáticos da Fapesp (sediados no Cebrap, no Núcleo Direito e Democracia). Destacar nomes específicos do Núcleo retiraria das constantes e estimulantes discussões que temos o seu caráter de coletivo intelectual. Contei ainda com o suporte indispensável de duas Bolsas Produtividade do CNPq (sediadas na Unicamp).

A todas essas pessoas e instituições, registro aqui o meu agradecimento.

Cronologia

1979
- Segundo choque do petróleo.
- Em agosto, aprovação da Lei nº 6.683, conhecida como Lei da Anistia.
- Em dezembro, aprovação da Lei Federal nº 6.767, que restabeleceu o pluripartidarismo no Brasil.

1980
- Os dois partidos consentidos durante a ditadura militar mudam de nome: o MDB (Movimento Democrático Brasileiro) passa a se chamar PMDB (Partido do Movimento Democrático Brasileiro), e a Arena (Aliança Renovadora Nacional) passa a se chamar PDS (Partido Democrático Social).
- Fundação do PT (Partido dos Trabalhadores), do PTB (Partido Trabalhista Brasileiro) e do PDT (Partido Democrático Trabalhista).

1981
- Pela primeira vez desde a década de 1940, o PIB tem retração, de 4,25%.

1982
- Eleições diretas para vereadores, governadores, senadores, deputados estaduais e federais. Essa é a primeira eleição direta para governadores

desde 1960. É importante notar que nessa eleição foi estabelecido o *voto vinculado*, isto é, o eleitor deveria votar em candidatos do mesmo partido para todos os cargos, caso contrário o voto seria anulado.

- Eleições diretas para prefeitos (também mediante *voto vinculado*), com exceção das capitais, territórios federais, instâncias hidrominerais e municípios considerados de interesse da "segurança nacional". Os prefeitos desses municípios (exceto Fernando de Noronha) continuaram a ser indicados pelos governadores dos respectivos estados.

1983

- Dá-se início ao Movimento das Diretas Já, que se estendeu até o ano de 1984, ganhando força e apoio nacional.
- Pela primeira vez na década, a inflação passa dos 10% ao mês.
- O PIB tem retração de 2,93%, após um crescimento de apenas 0,89% no ano anterior.

1984

- Em abril, é rejeitada a Proposta de Emenda Constitucional nº 5 na Câmara dos Deputados, que estabeleceria as eleições diretas para presidente, colocando fim ao Movimento das Diretas Já.
- É aprovada a Lei nº 7.232, conhecida como Lei da Informática, um dos últimos exemplos marcantes de política nacional-desenvolvimentista.

1985

- Um racha do PDS (antiga Arena) forma o PFL (Partido da Frente Liberal).
- Eleições indiretas para presidente da República em janeiro. Com o apoio do PFL, foi eleito o primeiro civil desde o golpe militar de 1964, Tancredo Neves (PMDB). Seu adversário pelo PDS foi Paulo Maluf. Tancredo Neves adoeceu gravemente às vésperas da posse, vindo a falecer em 21 de abril. Em 15 de março, foi empossado José Sarney (PMDB) na presidência.
- Eleições diretas para prefeitos, apenas para as capitais, territórios federais (exceto Fernando de Noronha), estâncias hidrominerais e aqueles municípios que foram considerados de interesse da "segurança nacional" em 1982.

1986

- Em fevereiro, decretação do Plano Cruzado.
- A inflação parece, de início, controlada. Mas, no final do ano, já alcança o índice de 11,65% ao mês.

- Eleições para governadores, senadores e deputados federais. Nessa eleição, o PMDB elegeu governadores para todos os estados, com exceção de Sergipe. Nas eleições para o Senado, o PMDB conquistou 38 das 49 cadeiras em disputa. Na Câmara dos Deputados, obteve 260 das 487 cadeiras em disputa.
- Novembro: Plano Cruzado II.

1987
- Declaração da moratória da dívida externa.
- Em fevereiro, foi instalada a Assembleia Nacional Constituinte, presidida por Ulysses Guimarães (PMDB).
- Implementação do Plano Bresser, em junho.
- A inflação ultrapassa a marca de 20% mensais, chegando a 300% ao ano.

1988
- Promulgação da Constituição da República Federativa do Brasil.
- Fundação do PSDB (Partido da Social Democracia Brasileira).
- Eleições municipais.

1989
- Eleição direta para presidente do Brasil, a primeira desde 1960. No primeiro turno, concorreram 22 candidaturas. No segundo turno, Fernando Collor de Mello (PRN) derrotou Luiz Inácio Lula da Silva (PT).
- Em dezembro, a inflação alcança a taxa de 49,4%.

1990
- Nas vésperas do anúncio de um novo plano econômico, no mês de março, a inflação alcançou a marca de 81%, caracterizando-se tecnicamente como hiperinflação.
- No mesmo mês de março foi anunciado o Plano Collor I, chamado de Plano Brasil Novo. A inflação foi momentaneamente controlada, mas voltou a subir rapidamente, alcançando 18,44% mensais já em dezembro.
- Eleições para governadores, senadores e deputados federais.
- O PIB tem retração de 4,35% no ano.

1991
- A inflação do mês de janeiro alcança 20,75%.
- Plano Collor II.

1992
- Em maio, uma série de denúncias contra o presidente Collor levou à instalação de uma CPI e, em outubro, ao início do processo de impeachment.
- Também em maio é dado início pela UNE (União Nacional dos Estudantes) e Ubes (União Brasileira dos Estudantes Secundaristas) ao movimento conhecido como "Fora Collor". Esse movimento, composto principalmente de jovens e estudantes, teve como principais protagonistas os "caras-pintadas".
- Em 29 de dezembro, Fernando Collor renuncia ao mandato. Em 30 de dezembro, o então vice-presidente, Itamar Franco (PMDB), assume a presidência para completar o mandato até o final de 1994.

1993
- Plebiscito sobre a forma e sistema de governo, com vitória da república sobre a monarquia, e do presidencialismo sobre o parlamentarismo.
- Em junho, a inflação alcança o índice mensal de 30%.

1994
- Em fevereiro, foi instituída a Unidade Real de Valor (URV), estabelecendo regras de conversão para o lançamento da nova moeda, o real.
- Em março, passou a vigorar o Fundo Social de Emergência (FSE), medida essencial para o sucesso do novo plano econômico.
- A inflação alcança 47,43% em junho, às vésperas da implantação da nova moeda.
- Em julho, é lançada oficialmente a nova moeda, o real.
- No mês subsequente ao lançamento do real, a inflação foi de 5,46%. No mês de setembro, recua para 1,86%, a taxa anual permanecendo abaixo dos 8% até 2002, ano em que alcança 12,53%.
- Eleições para presidente e governadores. Fernando Henrique Cardoso (PSDB) foi eleito em primeiro turno, com 54,28% dos votos.

1995
- Parte do PMDB vai para a base do governo FHC.

1996
- Eleições municipais.
- O Fundo Partidário alcança a marca de 47,5 milhões de reais, sendo que no ano anterior, em 1995, não passava de 2,3 milhões de reais.

1997
- É aprovada a possibilidade de reeleição para o Poder Executivo.

1998
- Após uma convenção atribulada, o PMDB decide não lançar candidato, selando indiretamente a aliança com o governo FHC.
- Reforma da Previdência Social.
- Eleições para presidente, governadores, senadores e deputados. Fernando Henrique Cardoso (PSDB) é reeleito presidente no primeiro turno, com 53,06% dos votos.

1999
- Desvalorização cambial abrupta em janeiro.

2000
- Aprovação da Lei da Responsabilidade Fiscal, estabelecendo a partir desse momento limites para os gastos com pessoal para os três poderes e outras providências.
- Eleições municipais.

2001
- Implantação do regime de racionamento energético no Brasil, evento que ficou conhecido como "apagão".

2002
- Nova crise cambial.
- Eleições para presidente, governadores, senadores e deputados. Luiz Inácio Lula da Silva (PT) foi eleito no segundo turno, com 61,27% dos votos. Seu adversário no segundo turno, José Serra (PSDB), obteve 38,73% dos votos.
- A inflação alcança o índice de 12,53% ao ano, uma exceção desde que o Plano Real foi implantado, em 1994.

2003
- Aprovação de nova reforma da Previdência Social.
- O Banco Central eleva as taxas de juros de 25% para 26,5% ao ano, indicando que o novo governo continuaria com a política de juros do governo anterior.

2004
- Eleições municipais.

2005
- Eclode o escândalo conhecido com o nome de "mensalão".
- Outubro: referendo sobre a proibição do comércio das armas de fogo em território nacional, tese derrotada na votação popular.

2006
- Aprovação da Lei nº 11.340, conhecida como Lei Maria da Penha, que pune com maior rigor a violência doméstica contra a mulher.
- Eleições para presidente, governadores, senadores e deputados. Luiz Inácio Lula da Silva (PT) é reeleito no segundo turno, com 60,83% dos votos. Seu adversário, Geraldo Alckmin (PSDB), obteve 39,17% dos votos.

2007
- Em outubro, o Supremo Tribunal Federal (STF) estabeleceu a interpretação de que os mandatos para cargos representativos pertencem ao partido, cláusula de fidelidade partidária que confirmou decisão anterior do Tribunal Superior Eleitoral (TSE).
- Anúncio da descoberta de grandes reservas de petróleo na camada pré-sal, em julho.
- Confirmação do Brasil como sede da Copa do Mundo de Futebol de 2014.

2008
- Em setembro, o banco Lehman Brothers Holdings Inc. pede concordata devido à crise do subprime, dando início oficial à crise econômica mundial.
- Eleições municipais.
- Em novembro, é firmado o Acordo entre o Brasil e a Santa Sé (promulgado em fevereiro de 2010) relativo ao estatuto da Igreja católica no Brasil.

2009
- Marina Silva (PV) sai da base do governo Lula e apresenta sua pré-candidatura à presidência.
- O Brasil é eleito sede dos Jogos da XXXI Olimpíada, em 2016.

2010
- O Brasil passa à posição de credor no Fundo Monetário Internacional (FMI).
- Aprovação do Estatuto da Igualdade Racial.
- Eleições para presidente, governadores, senadores e deputados. Dilma Rousseff (PT) é eleita presidente no segundo turno, com 56,05% dos votos. Seu adversário, José Serra (PSDB), obteve 43,95% dos votos.

2011
- Em agosto, o governo Dilma começa a reduzir a taxa de juros (Selic), passando de 12,50% para 12% ao ano, mantendo a tendência de queda até outubro de 2012, quando a taxa chega a 7,25% ao ano.

2012
- Entre agosto e dezembro, julgamento da Ação Penal 470, referente ao episódio conhecido como "mensalão".
- Eleições municipais.

2013
- Em maio, o Conselho Nacional de Justiça decidiu que todos os cartórios do país estavam obrigados a habilitar pessoas do mesmo sexo a se casar, sem necessidade de passar pelo reconhecimento prévio de uma união estável.
- Em junho, milhões de pessoas saem às ruas em várias cidades do Brasil (e também em algumas cidades pelo mundo). Esse evento, conhecido como Revoltas de Junho, foi marcado pela irrupção de incontáveis reivindicações, surgidas dos mais variados segmentos da sociedade brasileira. Essas reivindicações estiveram presentes tanto em megapasseatas (mais de 100 mil pessoas) quanto em passeatas menores. Outra característica importante das Revoltas de Junho foi o vínculo direto entre elas e as redes sociais da internet.

Breve bibliografia de referência

ABRUCIO, Fernando. *Os barões da federação: os governadores e a redemocratização brasileira.* São Paulo: Hucitec/Departamento de Ciência Política da USP, 1998.

ALMEIDA, Mansueto de. "Qual a importância do orçamento?". *Valor Econômico*, 3 abr. 2013.

ARIDA, Persio; BACHA, Edmar; LARA RESENDE, André. "Credit, Interest, and Jurisdictional Uncertainty: Conjectures on the Case of Brazil", 2004. Disponível em: <www.econ.puc-rio.br/pdf/seminario/2004/Paper%20Edmar%20Bacha.pdf>.

ARRETCHE, Marta. *Democracia, federalismo e centralização no Brasil.* São Paulo: Fiocruz/FGV, 2012.

BACHA, Edmar Lisboa; SCHWARTZMAN, Simon. *Brasil — A nova agenda social.* São Paulo: LTC, 2011.

BARAT, Josef; NAZARETH, Paulo Buarque de. "Transporte e energia no Brasil: as repercussões da crise do petróleo". *Pesquisa e Planejamento Econômico*, v. 1, n. 14, abr. 1984.

BARBOSA, Leonardo Augusto de Andrade. *História constitucional brasileira: mudança constitucional, autoritarismo e democracia no Brasil pós-64.* Brasília: Câmara dos Deputados, Edições Câmara, 2012.

BENAKOUCHE, Rabah. *Bazar da dívida externa brasileira.* São Paulo: Boitempo, 2013.

BRAGA, Ruy. *A política do precariado: do populismo à hegemonia lulista.* São Paulo: Boitempo, 2012.

CASTRO, Antonio Barros de. "Memórias póstumas de uma estratégia". *Folha de S.Paulo*, 10 dez. 1997.

COSTA, Tarcísio. "O debate constituinte: uma linguagem democrática?". *Lua Nova*, n. 88, abr. 2013.

GUARNIERI, Fernando. "A força dos partidos 'fracos'". *Dados — Revista de Ciências Sociais*, v. 54, n. 1, 2011.

LAPLANE, Mariano; SARTI, Fernando. "Investimento direto estrangeiro e a retomada do crescimento sustentado nos anos 1990". *Economia e Sociedade*, n. 8, jun. 1997.

LIMONGI, Fernando. "A democracia no Brasil". *Novos Estudos*, n. 76, nov. 2006.

_____; FIGUEIREDO, Argelina. "Bases institucionais do presidencialismo de coalizão". *Lua Nova*, n. 44, 1998.

MEZAROBBA, Glenda. *O preço do esquecimento: as reparações pagas às vítimas do regime militar (uma comparação entre Brasil, Argentina e Chile)*. Tese de Doutorado, FFLCH/USP, 2008. Disponível em: <www.190.98.219.232/~tesisdh/Tesis_PDF/tesis%20glendamezarobba.pdf>.

NERI, Marcelo Côrtes (Coord.). "Miséria, desigualdade e políticas de renda: o Real do Lula". Rio de Janeiro: FGV/IBRE, CPS, 2007. Disponível em: <www.cps.fgv.br/ibrecps/RET3/>.

NOBRE, Marcos. *Choque de democracia. Razões da revolta*, livro eletrônico. São Paulo: Companhia das Letras, 2013.

_____. "Depois da 'formação'. Cultura e política da nova modernização". *piauí*, n. 74, nov. 2012.

_____. "A jovem guarda vem aí". *Folha de S.Paulo*, 25 set. 2011, caderno Ilustríssima.

_____. "O condomínio pemedebista. As polarizações artificiais que travam o debate público". *Folha de S.Paulo*, 15 maio 2011, caderno Ilustríssima.

_____. "Governo com pouca margem de manobra e 'excesso de adesão'". *Valor Econômico*, 2 maio 2011, caderno Rumos da Economia.

_____. "O fim da polarização". *piauí*, n. 51, dez. 2010.

_____. "Indeterminação e estabilidade: os 20 anos da Constituição Federal e as tarefas da pesquisa em direito". *Novos Estudos Cebrap*, n. 82, nov. 2008.

_____. "Lula assume a presidência". Revista eletrônica *Trópico*, 20 jul. 2005. Disponível em: <p.php.uol.com.br/tropico/html/print/2615.htm>.

_____. "As ciências humanas na encruzilhada do social-desenvolvimentismo". *Revista Adunicamp*, ano 4, n. 1, nov. 2002.

_____; RODRIGUEZ, José Rodrigo. "A política por todos os lados". *Valor Econômico*, 25 nov. 2011, caderno Eu&Fim de Semana.

_____; _____. "'Judicialização' da política: déficits explicativos e bloqueios normativistas". *Novos Estudos Cebrap*, n. 91, nov. 2011.

NOBRE, Marcos; TORRES FREIRE, Vinicius. "Política difícil, estabilização imperfeita: os anos FHC". *Novos Estudos Cebrap*, n. 51, jul. 1998.

NICOLAU, Jairo. *História do voto no Brasil*. Rio de Janeiro: Jorge Zahar, 2002.

PALMA, José Gabriel. "Was Brazil's recent growth acceleration the world's most overrated boom? (Or, never in the field of economics has so much euphoria been generated by so few accomplishments)". *Cambridge Working Papers in Economics* (CWPE) 1248, 2012. Disponível em: <www.econ.cam.ac.uk/dae/repec/cam/pdf/cwpe1248.pdf>.

PILATTI, Adriano. *A Constituinte de 1987-1988: progressistas, conservadores, ordem econômica e regras do jogo*. Rio de Janeiro: Lumen Juris, 2008.

POCHMANN, Marcio. *Nova classe média? O trabalho na base da pirâmide social brasileira*. São Paulo: Boitempo, 2012.

QUINALHA, Renan Honório. *Justiça de transição: contornos do conceito*. São Paulo: Expressão Popular, 2013.

RODRIGUEZ, José Rodrigo. *Dogmática da liberdade sindical: direito, política e globalização*. Rio de Janeiro: Renovar, 2003.

SADER, Emir; GARCIA, Marco Aurélio (Orgs.). *Brasil entre o passado e o futuro*. São Paulo: Fundação Perseu Abramo/Boitempo, 2010.

SALLUM JR., Brasilio. *Labirintos. Dos generais à Nova República*. São Paulo: Hucitec/Curso de pós-graduação em sociologia da USP, 1996.

SANTOS, Wanderley Guilherme dos. "De officiis". *Insight Inteligência*, jan.-fev.-mar. 2013. Disponível em: <www.insightinteligencia.com.br/60/pdfs/pdf1.pdf>.

SINGER, André. *Os sentidos do lulismo: reforma gradual e pacto conservador*. São Paulo: Companhia das Letras, 2012.

THOMAZ, Danilo; MENDONÇA, Ricardo; PAGGI, Mateus. "¿Hay gobierno? Soy a favor". *Época*, 18 nov. 2011.

VALOR ECONÔMICO. "Para economistas, país ficou defasado no cenário global", 2 maio 2013, caderno Rumos da Economia.

WERLE, Denílson et al. "Para além da inefetividade da lei: Estado de direito, esfera pública e antirracismo". In: LAVALLE, Adrian Gurza (Org.). *O horizonte da política: questões emergentes e agendas de pesquisa*. São Paulo: Editora Unesp/Cebrap/Centro de Estudos da Metrópole, 2012.

WERNECK VIANNA, Luiz (Org.). *A democracia e os três poderes no Brasil*. Belo Horizonte: Editora UFMG, 2002.

Anexo
"Pemedebismo" e "lulismo": um debate com André Singer[*]

O livro de André Singer *Os sentidos do lulismo: reforma gradual e pacto conservador* (São Paulo: Companhia das Letras, 2012) representa, da perspectiva mais geral do debate público, um ponto de convergência único para a discussão política de alto nível, atraindo críticas e manifestações de concordância das mais diferentes orientações teóricas e práticas. De um ponto de vista de esquerda, mais especificamente, o livro conseguiu reformular, em um novo e instigante patamar, teses explicativas e perspectivas de ação política que se encontravam dispersas.

Na minha maneira de ver, isso significa que o livro conseguiu circunscrever com habilidade qual é *o problema* a ser enfrentado, tanto em termos teóricos como práticos. Entendo que esse problema é fundamentalmente como explicar que um país tão rico, tão grande e tão inaceitavelmente desigual tenha realizado

---

[*] Intervenção oral de abertura do debate promovido pelo PET-Capes/Filosofia da USP em 13 de março de 2013. A íntegra do debate está disponível em: <www.youtube.com/watch?v=BUl6oX7ny-c>.

uma transição para a democracia tão morna, tenha realizado avanços sociais em ritmo tão paquidérmico. Em outras palavras, o problema é entender a natureza, a posição e o lugar do *conservadorismo* na longa transição brasileira para a democracia.

Mas tão importante quanto reconhecer esse feito de organizar uma discussão que andava muito difusa é pensar as razões pelas quais ele se tornou possível. A meu ver, são três essas razões, fundamentalmente. Em primeiro lugar, uma qualidade admirável, que é um espírito pluralista efetivamente aberto ao debate. É raríssimo na história da esquerda encontrar pessoas seriamente dispostas ao contraditório, capazes de ouvir e aceitar ou rejeitar argumentos de maneira fundamentada, mudando ou não suas próprias posições anteriores. E o livro e o seu autor têm essa grande qualidade.

Em segundo lugar, acho que André Singer conseguiu alcançar essa formulação nodal do debate porque se colocou para além do que chamo de paradigma da formação.[28] Colocou-se para além de uma maneira de pensar ainda por demais presa ao nacional--desenvolvimentismo e que, por isso, veio a se tornar caduca com o declínio desse modelo de sociedade, em fins dos anos 1980. Não obstante sua incapacidade de compreender a nova modernização brasileira, trata-se de uma maneira de pensar ainda muito difundida e influente.

Em terceiro lugar, acho que o livro de André Singer consegue hoje representar um novo ponto nodal para a discussão porque não é um trabalho escrito para ser lido apenas pela academia. Não quero dizer com isso, evidentemente, que o livro não tenha valor acadêmico. Quero dizer que, além do seu valor acadêmico, também é um livro para ser lido por muito mais gente, é acessível a um número muito maior de pessoas do que apenas cientistas políticos ou cientistas sociais, por exemplo. Se o Brasil tivesse conseguido universalizar sua educação básica há cem anos — como a Argentina —, o alcance desse livro na população em geral seria ainda muito maior do que já é. Quero dizer com isso também: André Singer se coloca com esse livro como *intelectual*, e não como acadêmico. E acho que esse é o sentido profundo de ser um servidor público que trabalha como docente em uma universidade.

O ponto mais forte da análise de Singer, a meu ver, está em não abandonar em momento algum os nexos entre economia, política e sociedade. Nossa "universidade temporã" (segundo a expressão precisa de Luiz Antônio Cunha), também porque de implantação relativamente bem-sucedida, em vista da rapidez do processo, reforçou precocemente a "especialite", o pavor de misturar registros disciplinares de maneira incorreta do ponto de vista acadêmico.[29] Não que esse "pavor" não seja real. Afinal, só se pode falar em um autêntico sistema universitário em funcionamento no país a partir da década de 1950. É muito pouco tempo. Antes disso, o que se tinha era um blá-blá-blá bacharelesco ou pretensamente teológico.

Mas a especialite pode ser tão emburrecedora quanto o antigo blá-blá-blá. Especialmente porque produz uma confusão entre debate *intelectual* e debate *acadêmico*, confusão típica de país elitista, com uma cultura política de baixo teor democrático. Essa confusão simplesmente bloqueia a capacidade de produção e de discussão de análises políticas integradas e complexas. Na raiz dessa confusão bastante interessada está uma identificação elitista entre "professor universitário" e "intelectual", uma das muitas facetas de um debate público extremamente limitado.

André Singer entende essa conjunção de economia, política e sociedade em termos de uma análise "de classe". No meu modo de ver, essa uniformidade e unidade da abordagem seria mais bem expressa por uma ideia de "modelo de sociedade", quer dizer, de uma noção abrangente de regulação social cuja figura exemplar anterior é a do nacional-desenvolvimentismo, sendo que chamo a atual de social-desenvolvimentismo. Com isso, acredito ser possível conectar de outra maneira a análise de Singer ao que há de mais relevante e importante na tradição local, que pensa o país segundo esse tipo de modelo abrangente.

Como, aliás, o faz o próprio autor, ao recorrer, por exemplo, ao Caio Prado Jr. de *A revolução brasileira*, ou ao Celso Furtado de *O longo amanhecer* (ver sobre isso a "Introdução" do livro, e, em especial, as páginas 16 a 20). Isso fica visível ainda na aproximação que Singer faz entre o "lulismo" e o "new deal rooseveltiano", no ensaio de número 3 do livro (ainda que eu discorde em boa medida dessa aproximação, como expressei no mencionado texto publicado em 2010 na revista *piauí*). Mas, apesar de possíveis divergências de estilo e de expressão, o que me importa ressaltar neste ponto são a importância e o interesse da combinação de diferentes elementos — políticos, econômicos, sociais — em uma análise relativamente unitária.

Outro elemento analítico de grande importância a ser ressaltado é o de interpretar o lulismo como *efetiva representação* política de camadas sociais historicamente marginalizadas. Tenho muitas dúvidas em relação ao potencial crítico da ideia de lulismo, como tenho muitas dúvidas em relação ao poder explicativo da noção de "subproletariado", categoria mobilizada pelo autor como central para descrever o próprio lulismo. Mas o que me parece importante a ressaltar aqui é o fato de que o governo Lula significou representação política para quem sempre esteve historicamente à margem da política oficial. Isso me parece fundamental. Sem reconhecer esse fato elementar, não se entende nada do que aconteceu nos últimos trinta anos no Brasil.

Coisa muito diferente é o enorme problema de saber o que *significa* esse fato, que remete ao que André Singer chama de "pacto conservador" e que é ponto de partida fundamental de uma perspectiva que se pretenda crítica: é necessário pensar o lulismo como a representação de contingentes historicamente marginalizados da representação política e, *ao mesmo tempo*, o caráter *conservador* desse resultado democrático de grande amplitude. De tal maneira que a questão central passa a ser: no que consiste e como se estrutura esse conservadorismo?

Outro elemento analítico de importância decisiva me parece ser o papel de destaque concedido ao PT nas análises de André Singer. O PT não representou apenas uma extraordinária novidade na história política e partidária do país. Mostrou igualmente uma energia e vitalidade impressionantes nos últimos trinta anos, um potencial de transformação social de magnitude importante e única. Mesmo se considero que André Singer acabou por conceder destaque excessivo ao PT, em detrimento do conjunto do sistema político e de sua lógica.

Ao contrário de colegas muito mais bem aparelhados do que eu para isso, não acho produtivo insistir, pelo menos no momento, em embates metodológicos, em discutir se os métodos de prova utilizados por Singer conseguem de fato atingir os objetivos a que se propôs. Não porque uma discussão como essa não seja importante, ao contrário. Mas, principalmente, por duas razões.

Em primeiro lugar, porque o traço realmente decisivo, a meu ver, está em que o livro demarcou uma *arena de debate intelectual* na qual a discussão científica disciplinar, especializada, é um momento, uma parte, um instrumento, e não o centro desse debate. Em segundo lugar, porque um dos méritos do livro está em que não procura "definir" as noções de que se utiliza, o que, de um ponto de vista acadêmico estreito e estéril, não seria rigoroso. Não acho que seja uma crítica produtiva ficar pedindo ao autor que defina o que é lulismo, por exemplo. Também porque estamos diante de algo novo, em processo e com múltiplas possibilidades de desenvolvimento, a depender do rumo que tomem os conflitos e as lutas sociais. Acredito, ao contrário, que um dos grandes méritos do livro está justamente em que não definiu seus termos previamente, segundo um suposto padrão de rigor, ou segundo determinada concepção do que "deveriam ser". Isso permitiu uma multiplicidade de leituras e de interpretações e abriu muitas frentes e vertentes de discussão, o que não teria acontecido no caso de um trabalho que pretendesse seguir cânones acadêmicos estreitos.

Por outro lado, é verdade que a maioria dos problemas que vejo no livro estão relacionados às diversas metáforas e imagens de que se vale para apresentar o lulismo. Muitas vezes, essas imagens tomam, a meu ver, o lugar da própria e necessária explicação. Mas, se questiono muitas das metáforas utilizadas por André Singer, isso não se deve a algum anseio de pureza conceitual, mas a aspectos explicativos que considero deficitários no seu livro.

Nesse processo, os nomes atribuídos são certamente importantes, mas não me parecem ser o decisivo, já que, a meu ver, o mais importante está na maneira como o *problema* fundamental que temos diante de nós é formulado. O *problema* colocado por Singer é mais importante que a solução específica que dá a ele, embora também a solução que apresenta seja igualmente interessante. Mas, mesmo que eu não pretenda entrar nos detalhes dos elementos de prova que apresenta o livro, as discordâncias que emergem também se refletem aí, já que dizem respeito aos pressupostos mais gerais a partir dos quais André Singer chega à solução que chegou.

Mesmo sem questionar a descrição do que Singer qualifica como "realinhamento eleitoral", que teria ocorrido em 2006 e que seria o emblema do lulismo, acho que ficaram sem resposta dois elementos essenciais, que considero caracterizarem *déficits explicativos* e *de fundamentação* do livro. Restringindo a pergunta inicialmente apenas ao sistema político, a pergunta que fica é: em termos estruturais, *por que* tal realinhamento se deu e por que se deu *dessa maneira*? *Como*, em suma, nasceu o lulismo em termos do sistema político em que se construiu? Em uma segunda etapa, questiono um pressuposto não demonstrado que percorre todo o livro: o de uma "persistência" de fundo do que o autor caracteriza como "conservadorismo popular" (por exemplo, p. 79).

Essas duas linhas de questionamento envolvem pelo menos três elementos que não desenvolverei todos em detalhe, mas que é importante anunciar. André Singer viu algo novo e importante (uma mudança da base eleitoral da candidatura de Lula em 2006), mas considero que o quadro teórico em que procurou encaixar a novidade (uma noção de "classe" que fica entre as posições de Max Weber e as de Karl Marx, com a contribuição adicional da noção de "subproletariado", criada por Paul Singer) não foi o mais fecundo para seu desenvolvimento. Como contrapartida da noção de subproletariado, surge o postulado de um "conservadorismo persistente" dessa parcela da população, que me parece ser tão desnecessário quanto contraproducente em termos de uma posição crítica. Esse postulado, entretanto, permite ao autor apresentar uma interpretação da atuação de Lula como "bonapartista", que, a meu ver, incorre no equívoco não apenas de se apresentar como por demais personalista, mas também deixa na sombra a "inclusão pemedebista" do governo Lula, o tipo de representação amputada oferecida a estratos historicamente marginalizados da população.[30]

No caso da lógica de funcionamento do sistema político em que operou o governo Lula, entendo que faltou a André Singer considerá-lo resultado tanto de sua reconfiguração do período FHC como, mais amplamente, da transição para a democracia. E isso tem por consequência uma ilusão que eu tenderia a chamar de dirigista, um procedimento que não apenas potencialmente despolitiza os processos reais, mas que igualmente torna a análise abstrata em um mau sentido. E isso ao contrário do que pretende o próprio autor, registre-se.

No caso da tese do "conservadorismo popular" de fundo, acredito que o caráter por demais abstrato da caracterização do lulismo, com a ausência de uma reconstrução da lógica da transição democrática e do sistema político, traz com ele o risco de uma essencialização do subproletariado, de tomar como *dado* o seu "conservadorismo", já que este não foi historicamente reconstruído. O que, em um efeito ricochete sobre o primeiro problema apontado, acaba por servir *potencialmente* de justificação para o "pacto conservador" próprio do lulismo. Grifei "potencialmente" para ressaltar que essa é certamente uma consequência não intencional da posição do próprio autor. Mas, da maneira como vejo, essa é uma consequência possível do raciocínio de André Singer. O seu livro pode, sim, ser lido como uma justificação do governo Lula e de suas opções políticas fundamentais.

Por um lado, o caráter por demais abstrato da abordagem ressalta unicamente um dirigismo desde cima do processo, ignorando toda a longa construção da democracia no país e, não por acaso, chega a uma contraposição eleitoral abstrata entre "ricos" e "pobres" (ver, por exemplo, as páginas 34-5). Por outro lado, o pressuposto precariamente fundamentado (a meu ver) de um conservadorismo popular de longa duração pode servir potencialmente como legitimação para esse mesmo dirigismo.

André Singer tem consciência de que é problemática a imagem que usa para tentar apreender o lulismo: o golpe de Estado de 1851 na França e sua explicação por Marx em *O 18 Brumário de Luís Bonaparte*. Mas, além de todos os problemas que vêm com a utilização de uma figura como a do bonapartismo, de uma comparação entre a França de meados do século XIX e o Brasil do início do século XXI, problemas que o próprio André Singer reconhece, acho que há um outro, ainda mais espinhoso.

É justamente n'*O 18 Brumário* que se pode encontrar a famosa afirmação de que os "homens fazem sua própria história, mas não a fazem segundo sua vontade, em condições de sua escolha, mas sob condições imediatamente dadas, presentes e herdadas". Pois acho que esse é um dos principais problemas da análise de Singer. Ao contrário do Marx d'*O 18 Brumário*, não encontramos uma análise das correlações de força concretas "imediatamente dadas, presentes e herdadas" no caso do governo Lula.

Não há, por exemplo, uma reconstrução do declínio da ditadura militar e da redemocratização; não há nem mesmo uma reconstrução do período FHC. Ou uma periodização do próprio governo Lula, mostrando as radicais mudanças que ocorrem, por exemplo, após o cataclismo do mensalão. Usando a metáfora do bonapartismo sem a contrapartida das análises minuciosas do jogo político, como fez Marx, não se entende, afinal, *por que* nasceu o lulismo. E o efeito desse déficit é que o lulismo acaba surgindo no livro unicamente como resultado do encontro de um líder operário com o poder federal, e não das diferentes estruturas e correlações de força herdadas e incontornáveis da estabilização econômica e política tal como realizada no período FHC, resultante, por sua vez, da herança de quinze anos de travamento (que qualifico como pemedebista) do primeiro período da redemocratização.

Foi apenas nesses termos dirigistas que consegui encontrar algum tipo de explicação para o surgimento do lulismo. Na página 57 do livro, o autor cita uma declaração de Lula de 1989 em que ele afirma: "A minha briga é sempre esta: atingir o segmento da sociedade que ganha o salário-mínimo". Cinco páginas adiante, André Singer escreveu: "Só *depois* de assumir o governo, Lula obteve a adesão plena do segmento de classe que buscava desde 1989" (p. 62). Deixando de lado a estranha expressão "adesão plena", o que se vê é que toda a descrição do realinhamento eleitoral não encontra uma explicação senão no projeto de um líder que consegue finalmente chegar à presidência e, a partir daí, realiza o seu projeto. Não qualquer líder, evidentemente, mas, na caracterização de André Singer, "um nordestino saído das entranhas do subproletariado" (p. 83).

Seria possível imediatamente dizer que se trata de uma análise "de classe" e que, portanto, estou equivocado em não conseguir encontrar outra resposta para minha pergunta sobre a gênese do lulismo a não ser em um projeto de um grande líder. Como, por exemplo, na seguinte passagem do livro: "Por agora, deseja-se destacar que este livro não se encontra isolado na decisão de usar a categoria 'classe' para entender o período 2002-10. É original apenas a sugestão de que o deslocamento do subproletariado, uma fração de classe com importante peso eleitoral, provocou o surgimento do lulismo (capítulo 1)" (p. 28).

Mas essa perspectiva de análise suscita imediatamente a questão: e o que, por sua vez, provocou esse "deslocamento do subproletariado" que "provocou o surgimento do lulismo"? Não consegui encontrar no livro nenhuma resposta a não ser esta: era um projeto do próprio Lula. Um projeto que o líder operário realizou como pôde, nas circunstâncias, nos caminhos e obstáculos que encontrou na realização desse projeto.

Seria possível ainda dizer, apesar de tudo, que a parte explicativa (e não a descritiva) do "alinhamento eleitoral" não se reduziria à atuação de Lula, já que André Singer a acopla à evolução de um partido, do PT. Mas também aqui vejo pelo menos três problemas. Em primeiro lugar, por mais importante que seja, o PT não pode ser entendido isoladamente do sistema político e partidário brasileiro. Seu desenvolvimento histórico não pode ser entendido apenas em termos das correlações de forças e das disputas internas. E, no entanto, acho que é isso o que André Singer faz: toma o PT isoladamente do sistema político em que está inserido. Isso, a meu ver, apenas reforça a unilateralidade da análise que já marca o nascimento do lulismo.

Em segundo lugar, o PT ele mesmo aparece subordinado ao lulismo na análise. Para retomar uma passagem citada há pouco, André Singer afirma que a originalidade de sua abordagem consiste na "sugestão de que o deslocamento do subproletariado, uma fração de classe com importante peso eleitoral, provocou o surgimento do lulismo (capítulo 1). O lulismo, por seu turno, teria impactado o PT (capítulo 2), dando suporte à virada programática que começara em 2002" (p. 28).

Em terceiro lugar, essa posição do PT no esquema descritivo passa por alto todas as ferrenhas disputas internas dentro do próprio partido antes de 2002. Chega a ser mesmo estranho que André Singer, que conhece como ninguém a história do partido, caracterize a "Carta ao povo brasileiro", de junho de 2002, como uma "silenciosa criatura". Aliás, a sequência do texto é ainda mais estranha: "Não ocorreu o vagaroso confronto que por anos protagonizaram as alas esquerda e direita da social-democracia alemã, até que, na data fatal de 4 de agosto de 1914, o espírito pragmático tomou conta da organização fundada sob os auspícios do internacionalismo proletário de Marx e Engels" (pp. 95-6).

Mais uma vez, não acho que seja interessante discutir a qualidade da metáfora de comparação, muito menos a velocidade em que se deu o processo em ambos os casos. Para questionar a afirmação de André Singer exclusivamente no que diz respeito ao PT, basta lembrar o que significou a ascensão de José Dirceu à presidência do partido, em 1995: uma verdadeira guerra interna, com o objetivo de conquistar ampla maioria para a absoluta prioridade do projeto presidencial e para colocar sob controle toda e qualquer dissidência, expulsando grupos e correntes inteiras, inclusive.

Ou seja, mesmo que se aceite a ideia de que houve um "deslocamento do subproletariado", fica pendente de explicação por que esse deslocamento se deu segundo as condições políticas concretas, segundo a lógica de funcionamento do sistema político tal como "imediatamente dada, presente e herdada" pelo governo Lula, para retomar ainda uma vez a fórmula de Marx. Descrever um realinhamento eleitoral não é o mesmo que tentar explicar por que esse realinhamento se deu nem por que se deu dessa maneira e não de outra. E essa explicação me parece decisiva para entender o momento histórico em que nos encontramos.

Se interpreto corretamente, André Singer (principalmente no ensaio número 2 do livro, "A segunda alma do Partido dos Trabalhadores") entende que a alma do "reformismo fraco" (ideia desenvolvida no ensaio número 4 do livro) acabou prevalecendo em vista de uma abordagem, digamos, pragmática. A primeira questão que fica aqui é a seguinte: será que é possível entender de fato o que acontece olhando apenas para o partido líder do condomínio político ("pemedebista", como prefiro caracterizá-lo)? Não será preciso entender os dois lados dessa moeda, ou seja, tanto o partido que lidera o condomínio quanto o próprio condomínio, vale dizer, a lógica que o caracteriza (pemedebista, a meu ver)? Porque me parecem de alta relevância as questões: afinal, *o que* o PT lidera? E *como* lidera? Faz diferença ou não pensar que o condomínio de dominação é tão relevante para a determinação do resultado quanto a liderança do PT?

Com isso, não são poucos os momentos em que a análise parece mesmo etérea, em que o lulismo, em lugar de ser um momento de construção de um novo modelo de sociedade, parece ser antes o resultado de estratégias eleitorais de um líder político "genial", que, com isso, impacta seu próprio partido de origem. Não é apresentada uma gênese do lulismo nem mesmo como ponto de chegada de um processo de transição para a democracia. Mais grave do que tudo isso, a meu ver, não são poucos os momentos em que as decisões tomadas parecem não só "compreensíveis", mas, em boa medida, "aceitáveis" em vista da conjuntura histórica, beirando perigosamente (para um pensamento que se pretenda crítico) uma *justificação* do governo Lula. O realinhamento eleitoral de fundo, o lulismo, é caracterizado como um "pacto conservador", e a "alma" que aí encarnou seria o que é chamado pelo autor de "espírito do Anhembi" (caracterizada posteriormente como a de um "reformismo fraco", por oposição a um "reformismo forte"). E imediatamente surge aqui a mesma pergunta já feita a propósito da gênese do lulismo: mas *por que*, afinal, esse pacto foi um "pacto conservador"? Como já insisti várias vezes, não acho produtivo no caso desse debate fazer cobranças de clareza conceitual, de modo que não considero um problema grave que a ideia de pacto não tenha sido desenvolvida. O que me importa saber aqui é: *por que*, afinal, o lulismo é conservador? E aqui, tal como no caso da primeira objeção, não consegui encontrar outra resposta senão um pressuposto que considero precariamente fundamentado e potencialmente acrítico em termos políticos: por que, afinal, tal conservadorismo seria próprio das classes populares e, em especial, do subproletariado?

Voltemos mais uma vez a *O 18 Brumário*, invocado por André Singer em apoio à tese explicativa do conservadorismo. Mirando o subproletariado, mas usando as palavras de Marx, fez a seguinte citação do livro: "não podem representar-se, antes têm que ser representados". N'*O 18 Brumário*, essa passagem se refere ao campesinato francês pós-revolucionário. De fato, Marx caracteriza esse camponês como "conservador". De fato, Marx afirma que, apesar da similitude de suas condições de vida, apesar de constituir uma classe, esse campesinato não constitui uma comunidade, não estabelece um vínculo nacional, não tem organização política. Mas, ao mesmo tempo, dá também a razão pela qual esse camponês é conservador: justamente porque a Revolução o tirou da "semisservidão" e o transformou em "proprietário fundiário livre", condição que foi assegurada por Napoleão. É esse enorme avanço social que explica o apoio à "dinastia" Napoleão, mesmo em 1851, mesmo com o sobrinho, mesmo com Luís Napoleão.

Ao se valer dessa ideia para caracterizar o subproletariado brasileiro dos anos 2000, André Singer a utiliza para mostrar o realinhamento eleitoral que teria ocorrido a partir de 2006, quando essa classe de despossuídos teria visto em Lula não o seu Napoleão, mas o seu Luís Napoleão. Seria esse conservadorismo das conquistas em termos de renda e de melhora das condições de vida em geral que explicaria a votação e a vitória de Lula em 2006.

Até aí, tirante o abismo histórico e social, a comparação parece pelo menos cabível. Ainda assim, não entendo por que a "representação bonapartista" deveria derivar de uma suposta impossibilidade do subproletariado de se representar a si mesmo como classe, e não da lógica historicamente marginalizadora do sistema político. Mas, principalmente, não entendo o que leva André Singer a caracterizar essa atitude eleitoral como conservadora. Marx afirma que o apoio do campesinato proprietário a Luís Bonaparte em 1851, antes de ser conservador, é ilusório, pois seu empobrecimento nas duas décadas anteriores não poderia ser revertido, os "bons tempos" do antigo imperador da conquista da Europa não tinham objetivamente como voltar. Para Marx, o "conservadorismo" do campesinato francês em 1851 representava o anseio ilusório (insista-se) de voltar à sua situação dos primeiros anos do século XIX.

Ora, o apoio eleitoral a Lula em 2006 não tem essa característica ilusória, ou seja, não diz respeito ao desejo de voltar a uma situação anterior de bonança e de libertação. Se é conservadorismo, tem de ser algo diferente do conservadorismo de que fala Marx. Muito menos pode servir de apoio à tese de André Singer de que a "persistência do que poderíamos chamar de 'conservadorismo popular' marca a distribuição das preferências ideológicas no Brasil pós-redemocratização" (p. 79). Ou seja, não entendo a plausibilidade da tese de que um "conservadorismo persistente" marcaria as "classes populares" em geral e o subproletariado em particular.

Em primeiro lugar, "conservadorismo" está sendo utilizado aqui em dois sentidos completamente diferentes. André Singer atribuiu conservadorismo tanto a uma situação, digamos, "pré-napoleônica" (anterior à Revolução Francesa), quanto a outra "pós-napoleônica", de tal maneira que fica difícil entender por que seria conservador quem nada tinha, quem não havia sido transformado em nada semelhante a um "proprietário fundiário livre", em um país que simplesmente não teve reforma agrária, muito menos um "parcelamento" de tipo francês.

Em segundo lugar, não é preciso atribuir um "conservadorismo persistente" às camadas populares para entender resultados de disputas políticas, mesmo de disputas eleitorais, simplesmente. Nem na eleição de 1989 nem na de 2006. Pelo contrário, um mero exercício de pensamento contrafactual basta para mostrá-lo. Pense-se, por exemplo, na repressão histórica sistemática a movimentos de democratização. Pense-se em um sistema político montado de maneira a marginalizar a grande massa da população. Tendo tudo isso em conta, não há por que atribuir necessariamente "conservadorismo persistente" às "camadas populares", ou ao subproletariado. Ao contrário, pode-se pensar facilmente que seu anseio de libertação é sistematicamente reprimido por uma cultura política de subordinação e de mando, antidemocrática, por dispositivos sociais, políticos e econômicos que reprimem e marginalizam todo movimento de democratização e de auto-organização.

Mas todo esse conjunto de dispositivos repressivos só emerge quando se abandona o nível meramente eleitoral da disputa política rumo a um tratamento conjunto do sistema político e de uma cultura política determinada que o acompanha. Só com a utilização de noções como as de modelo de sociedade — que, como já mencionei, apontam para um padrão abrangente de regulação social como aquele do nacional-desenvolvimentismo — e de cultura política me parece possível compreender a natureza do conservadorismo que marca nosso desenvolvimento democrático recente.

Em suma, acho que, tudo somado, a ideia de "pacto conservador" tal como formulada por Singer não explica nem descreve o conservadorismo, mas simplesmente o pressupõe, tomando-o como dado. O pacto ele mesmo não exprime um processo político complexo, que precisaria ser descrito em sua trama política própria, tanto nos termos estanques de determinado governo como em termos de um processo histórico mais amplo, que alcance pelo menos o início da década de 1980. Mesmo que essa demonstração esteja restrita, pelo menos em um primeiro momento, à reconstrução da lógica de funcionamento do sistema político.

Dito de outra maneira, acho que, nas análises de André Singer, tanto o "pacto" como o "conservadorismo" são entendidos de maneira não apenas limitada, mas desnecessariamente limitada. E isso não se deve apenas a uma questão de delimitação de objeto, a um recorte determinado do material, mas à estrutura mesma da argumentação de Singer, descolada, a meu ver, de uma necessária reconstrução da história recente do país e de seu sistema político. Levando em conta todas as nuances de concordâncias e discordâncias que procurei enfatizar ao longo da intervenção, eu resumiria minhas objeções em uma frase: não me parece que lulismo seja um conceito *crítico*.

André Singer fez avançar a discussão quando colocou em pauta a ideia de que o problema fundamental que se põe para a esquerda hoje é compreender no que consiste o pacto conservador brasileiro. De minha parte, pretendo que se trata de tentar circunscrever um fenômeno que diz respeito à cultura política e sua relação com um modelo de sociedade, quer dizer, refere-se a uma cristalização de movimentos mais profundos de diferentes âmbitos, normalmente entendidos de maneira restrita e disciplinar: econômicos, sociais, políticos, culturais, psicossociais. Mas isso não afeta a agenda colocada por André Singer, que é de decisiva importância.

Mas, na minha maneira de ver, trata-se de pensar o país em termos de modelos de sociedade, em sua gênese e desenvolvimento, cujo padrão anterior é o nacional-desenvolvimentismo. Não por acaso, aliás, além da ideia mais geral de modelo de sociedade, também o tema do conservadorismo me parece uma das maneiras mais fecundas hoje de nos ligar aos clássicos do pensamento brasileiro e de atualizá-los, ainda que isso, no momento, leve longe demais do ponto central da discussão.[31]

Por essa razão, em tudo o que já escrevi, procurei apresentar a explicação alternativa, em que o lulismo é uma versão e um momento determinado da transição brasileira, caracterizada mais amplamente, a partir do Plano Real, em 1994, como diferentes maneiras de dar direção e sentido ao pemedebismo que caracteriza de maneira mais ampla o sistema político. Ou seja, entendo o lulismo como uma figura determinada de algo mais profundo e de maior duração, de um novo modelo de sociedade que tem no pemedebismo do sistema político a forma mais relevante de bloqueio de seu desenvolvimento, ou seja, a fonte mais importante do *conservadorismo* no momento presente. Consequentemente, considero que o mais importante é pensar esse novo modelo de sociedade mais amplo que se consolidou no período Lula, mas que vem sendo construído há mais de três décadas. Com isso, o lulismo é tanto uma configuração determinada desse novo modelo de sociedade quanto uma figura do pemedebismo que caracteriza de maneira mais geral o sistema político e que se põe como trava e freio do pleno desenvolvimento dos potenciais melhores do novo modelo de sociedade que emergiu da redemocratização.

Para que seja uma ideia fecunda, o conservadorismo precisa ser entendido em chave muito mais ampla. E, na sua formulação atual, acho que o esquema proposto por Singer impede essa ampliação. Mas, evidentemente, posso estar equivocado de ambos os lados: tanto em buscar um conceito mais amplo de conservadorismo e de modelo de sociedade quanto na própria leitura do livro de Singer. Seja como for, o avanço representado pelo livro de André Singer é o que permite hoje colocar o problema nesses termos. E isso está bem longe de ser pouca coisa.

Notas

1. Sobre isso, ver as "Considerações finais" adiante e também o meu *Choque de democracia. Razões da revolta*, livro eletrônico. São Paulo: Companhia das Letras, 2013.
2. Sobre isso, ver uma vez mais as "Considerações finais" adiante e também o meu breve livro eletrônico de intervenção *Choque de democracia. Razões da revolta*.
3. No artigo "Depois da 'formação'. Cultura e política da nova modernização" (*piauí*, n. 74, nov. 2012) procuro entender as diferentes etapas e interpretações desse processo, até o momento presente.
4. Josef Barat e Paulo Buarque de Nazareth, "Transporte e energia no Brasil: as repercussões da crise do petróleo". *Pesquisa e Planejamento Econômico*, v. 1, n. 14, abr. 1984. Sobre a questão da dívida externa em uma perspectiva inovadora e de longo prazo (abrangendo o período 1947-2007), ver Rabah Benakouche, *Bazar da dívida externa brasileira*. São Paulo: Boitempo, 2013.
5. Basta ver que, ao contrário da Argentina, por exemplo, o Brasil não realizou o processo de responsabilização de agentes da ditadura — muito menos de seus apoiadores e financiadores civis — por crimes cometidos no período. Em vez disso, o máximo que se conseguiu foi a reparação das vítimas (a partir do governo FHC, que criou a Comissão da Anistia) e a instituição tardia (em maio de 2012) de uma Comissão da Verdade (que não tem caráter jurídico de responsabilização). A esse respeito, ver Renan Honório Quinalha, *Justiça de transição: contornos do conceito*. São Paulo: Expressão Popular, 2013, e Glenda Meza-

robba, *O preço do esquecimento: as reparações pagas às vítimas do regime militar (uma comparação entre Brasil, Argentina e Chile)*. Tese de Doutorado, FFLCH/ USP, 2008. Disponível em: <www.190.98.219.232/~tesisdh/Tesis_PDF/tesis%20 glendamezarobba.pdf>.

6. Dentre inúmeros exemplos possíveis dessa prática, destaque-se aqui apenas um dos mais vistosos. Em 2011, ano em que foi criado o Partido Social Democrático (PSD), o STF decidiu que esse partido teria direito, já nas eleições de 2012, a tempo de TV e à parcela do fundo partidário proporcionalmente ao número de parlamentares de que dispunha quando de sua fundação. O mesmo PSD, em abril de 2013, patrocinou e fez a mais aguerrida campanha pela aprovação do projeto de lei (de autoria de um deputado do PMDB, como seria de esperar) destinado a impedir que novas legendas pudessem ter acesso, antes de realizada pelo menos uma eleição geral, à parcela do tempo de TV e do fundo partidário dividida em termos proporcionais ao número de representantes na Câmara dos Deputados. Seguindo a mesma lógica pendular pemedebista, os partidos interessados em manter aberta a válvula de escape da "fidelidade" utilizada anteriormente pelo PSD entraram com recurso no STF contra a iniciativa.

7. Um dos principais dispositivos de controle e de centralização é o das chamadas Comissões Provisórias. Não só a quase totalidade dos partidos possui um altíssimo número dessas comissões como, em grande parte de ocorrências, mantém como "provisórias" comissões que, de acordo com a lei, deveriam já ter se constituído de maneira permanente, como Diretórios, estaduais e municipais. A descoberta desse funcionamento é devida a Fernando Guarnieri, cuja avaliação geral do mecanismo é a seguinte: "As implicações disso para o controle partidário são claras: como são os dirigentes partidários que escolhem os membros das comissões provisórias, são eles também que escolhem os delegados às convenções. Quando as comissões provisórias formam parte significativa dos órgãos partidários, esses dirigentes possuem grande controle sobre as convenções, pois controlam parte significativa dos votos". "A força dos partidos 'fracos'". *Dados — Revista de Ciências Sociais*, v. 54, n. 1, 2011.

8. Sobre a "política dos governadores" no período de 1982 a 1994, veja-se o livro de Fernando Abrucio *Os barões da federação: os governadores e a redemocratização brasileira*. São Paulo: Hucitec/Departamento de Ciência Política da USP, 1998.

9. A caracterização apresentada aqui se utiliza de elementos presentes nas análises de Brasilio Sallum Jr. em seu *Labirintos. Dos generais à Nova República*. São Paulo: Hucitec/Curso de pós-graduação em sociologia da USP, 1996.

10. Uma estimulante reconstrução de conjunto do processo constituinte pode ser encontrada em dois volumes de referência: Adriano Pilatti, *A Constituinte de 1987-1988: progressistas, conservadores, ordem econômica e regras do*

jogo. Rio de Janeiro: Lumen Juris, 2008; e Leonardo Augusto de Andrade Barbosa, *História constitucional brasileira: mudança constitucional, autoritarismo e democracia no Brasil pós-64*. Brasília: Câmara dos Deputados, Edições Câmara, 2012. Consulte-se ainda a esse respeito o artigo de Tarcísio Costa "O debate constituinte: uma linguagem democrática?". *Lua Nova*, n. 88, abr. 2013, bem como as demais contribuições ao dossiê relativo aos 25 anos da promulgação da Constituição nesse mesmo número de *Lua Nova*. Um dossiê de mesmo tema e igualmente instigante foi publicado ainda pela revista *Novos Estudos*, n. 96, jul. 2013.

11. Expressão de Antônio Barros de Castro, "Memórias póstumas de uma estratégia". *Folha de S.Paulo*, 10 dez. 1997, cujas análises escritas ao longo dos dois mandatos de FHC foram de importância central para o relato que se faz aqui. Igualmente decisivas foram as colunas de Celso Pinto desse mesmo período, também na *Folha de S.Paulo*.

12. O federalismo consagrado na Constituição de 1988 não resultou em enfraquecimento da União, antes pelo contrário. A descrição detalhada desse processo de concentração de recursos no governo central do ponto de vista da ciência política, desde o final da década de 1980 até os anos 2000, pode ser encontrada em Marta Arretche, *Democracia, federalismo e centralização no Brasil*. São Paulo: Fiocruz/FGV, 2012.

13. Consulte-se a esse respeito Fernando Limongi e Argelina Figueiredo, "Bases institucionais do presidencialismo de coalizão". *Lua Nova*, n. 44, 1998.

14. Persio Arida, Edmar Lisboa Bacha e André Lara Resende, "Credit, Interest, and Jurisdictional Uncertainty: Conjectures on the Case of Brazil", 2004. Disponível em: <www.econ.puc-rio.br/pdf/seminario/2004/Paper%20 Edmar%20Bacha.pdf>.

15. "Os 15% de redução de miséria obtidos em 2006 sugerem, por exemplo, que na aritmética das metas do milênio [da ONU, para redução das desigualdades no mundo até 2015] avançamos no último ano [2006] o que pelo acordo deveríamos avançar em 5,1 anos. Já a queda de miséria observada desde o fim da recessão de 2003 atinge em média 11,8% ao ano, ou seja, cada ano do período que chamamos aqui de Real do Lula corresponde a 4,1 anos de cumprimento do compromisso do milênio, enquanto no período do boom do Real original (1993 a 1995) reduzimos a miséria, em média, a 10,74% a cada ano, o que corrobora o paralelismo dos dois episódios aqui explorado." Marcelo Côrtes Neri (Coord.), "Miséria, desigualdade e políticas de renda: o Real do Lula". Rio de Janeiro: FGV/IBRE, CPS, 2007. Disponível em: <www.cps.fgv.br/ibrecps/RET3/>. Assinalar esse fato não significa, entretanto, aceitar a tese acrítica de que se vive em um "país de classe média". Para equilibrar a discussão a esse respeito, consulte-se Marcio Pochmann, *Nova classe média? O trabalho na base da pirâmide*

social brasileira. São Paulo: Boitempo, 2012, e Ruy Braga, *A política do precariado: do populismo à hegemonia lulista*. São Paulo: Boitempo, 2012.

16. Essa tese se encontra apresentada na obra de André Singer, *Sentidos do lulismo: reforma gradual e pacto conservador*. São Paulo: Companhia das Letras, 2012. O livro, entretanto, vai além de mostrar a mudança de base eleitoral, defendendo a tese mais forte de que, na eleição de 2006, ocorreu ainda um verdadeiro "realinhamento eleitoral", ou seja, uma "mudança de clivagens fundamentais do eleitorado, que definem um ciclo político longo" (p. 13). Discuto essa e outras teses do livro de André Singer no Anexo.

17. Após ter vencido a disputa por desqualificação do adversário — com a demissão de Dirceu da Casa Civil, em junho de 2005, e a posterior cassação de seu mandato pela Câmara dos Deputados, no início de dezembro do mesmo ano, com a consequente suspensão de seus direitos políticos por dez anos —, foi a vez de o próprio Palocci cair, pouco tempo depois, em março de 2006, no chamado "escândalo do caseiro". O responsável pela guarda de uma casa em Brasília usada por lobistas testemunhou que o ministro frequentava o local. O caseiro foi vítima, posteriormente a seu depoimento, da quebra do sigilo de sua conta bancária. Na mais pura coerção à repetição, Palocci caiu novamente, da posição de ministro-chefe da Casa Civil que ocupou de janeiro a junho de 2011, no início do governo Dilma, em seguida a uma série de acusações sobre a evolução do seu patrimônio no período em que cumpriu um mandato como deputado federal, entre 2007 e 2010.

18. Fiz uma análise desse momento no artigo "Lula assume a presidência", revista eletrônica *Trópico*, 20 jul. 2005. Disponível em: <p.php.uol.com.br/tropico/html/print/2615.htm>.

19. André Singer (*Sentidos do lulismo*, op. cit.) caracteriza de maneira diferente esse processo, atribuindo à atuação de Lula o caráter de "bonapartismo". Sobre isso, ver uma vez mais o Anexo. No final dos anos 1970 e início dos anos 1980, ocorreram longos e duros embates a propósito da tática mais adequada para a prática do "novo sindicalismo" que então emergia: criar estruturas sindicais paralelas aos sindicatos já existentes, atrelados ao Estado, ou tomar e reformar por dentro essas mesmas estruturas conservadoras. Ao final, foi a última possibilidade que vingou. Seria certamente interessante traçar um paralelo entre a tática de ocupação pela esquerda do pemedebismo e a tática de ocupação das estruturas sindicais getulistas pela "nova geração do sindicalismo" representada por Lula. Mas isso levaria muito longe. A esse respeito, consulte-se José Rodrigo Rodriguez, *Dogmática da liberdade sindical: direito, política e globalização*. Rio de Janeiro: Renovar, 2003, especialmente a "Primeira parte".

20. Marcos Nobre e José Rodrigo Rodriguez, "A política por todos os lados", *Valor Econômico*, 25 nov. 2011, caderno Eu&Fim de Semana. Ver também, dos

mesmos autores, "'Judicialização' da política: déficits explicativos e bloqueios normativistas". *Novos Estudos Cebrap*, n. 91, nov. 2011.

21. Um tratamento do problema que não busca fugir à complexidade que lhe é própria pode ser encontrado, por exemplo, no texto coletivo (de Denílson Werle e outros) "Para além da inefetividade da lei: Estado de direito, esfera pública e antirracismo". In Adrian Gurza Lavalle (Org.). *O horizonte da política: questões emergentes e agendas de pesquisa*. São Paulo: Editora Unesp/Cebrap/ Centro de Estudos da Metrópole, 2012.

22. Os exemplos aqui poderiam se multiplicar, seguindo a mesma lógica. Nesse mesmo ano de 2006, por exemplo, o Congresso aprovou a chamada "cláusula de barreira", que limitava o acesso aos recursos do Fundo Partidário apenas aos partidos que obtivessem pelo menos 5% da votação nacional, incluindo no mínimo 2% dos votos em pelo menos nove estados. Em dezembro de 2006, o STF derrubou a exigência, declarando inconstitucional a "cláusula". Em 2013, a disputa seguiu o mesmo figurino, só que, nesse caso, em torno do direito de novos partidos poderem contar com recursos do Fundo Partidário e com tempo de propaganda na televisão proporcionalmente ao número de representantes na Câmara que tivessem conseguido reunir, sem ter de aguardar antes uma eleição geral para isso.

23. Sobre isso, ver meu *Choque de democracia. Razões da revolta*, livro eletrônico. São Paulo: Companhia das Letras, 2013.

24. A esse respeito escrevi o texto "A jovem guarda vem aí". *Folha de S. Paulo*, 25 set. 2011, caderno Ilustríssima.

25. Mansueto de Almeida, "Qual a importância do orçamento?". *Valor Econômico*, 3 abr. 2013.

26. Com relação aos dados das eleições de 2008 e 2010, um interessante exercício a propósito do pemedebismo que caracteriza também o funcionamento das Assembleias Legislativas estaduais e das Câmaras Municipais de capitais foi realizado por Danilo Thomaz e Ricardo Mendonça, com Mateus Paggi, na revista *Época* ("¿Hay Gobierno? Soy a favor", 21 de novembro de 2011). Entre os principais resultados, destacam os autores: "Nenhum governador enfrenta oposição que consiga reunir a maioria simples dos votos. Dos 1.063 deputados estaduais e distritais pesquisados, só 26% atuam em frentes oposicionistas. Os outros 74% fazem parte da base do governador ou se declaram neutros. Dos 27 governadores, 20 têm uma base aliada ou 'neutra' com mais de 70% dos parlamentares. O caso mais avassalador é o Espírito Santo, onde 100% dos deputados são da base do governador Renato Casagrande (PSB). Com exceção do nanico PSOL, oposição nos quatro Estados onde tem deputado, nenhum partido atua contra o governo num índice superior a 50% dos Estados em que tem representação. A polarização presente na disputa nacional não se repete à risca nas

assembleias. No Amapá, PT e PSDB estão unidos no apoio ao governo Camilo Capiberibe (PSB). No Maranhão, PT e DEM são parceiros na base de Roseana Sarney (PMDB). O mesmo ocorre em Mato Grosso e no Espírito Santo. O partido mais governista do Brasil é o PSB. Presente em 23 Estados, é base de 19 governadores. Isso dá 86% de adesismo. Logo atrás, com 82%, está o PSD, base em 18 dos 22 Estados onde atua. O PDT pode ser considerado o partido mais manso do país. Faz oposição apenas no Amapá. Só não é mais governista que o PSB e o PSD porque se declara neutro em quatro Assembleias. Nas Câmaras, a situação é parecida".

27. Acredito que vai em sentido semelhante Wanderley Guilherme dos Santos. "De officiis". *Insight Inteligência*, jan.-fev.-mar. 2013. Disponível em: <www.insightinteligencia.com.br/60/PDFs/pdf1.pdf>.

28. Revista *piauí*, n. 74, nov. 2012. Trata-se de uma versão reduzida e modificada do texto originalmente produzido por encomenda da revista francesa *Rue Descartes*, para um número especial sobre a filosofia no Brasil (n. 76, 2012/4, "Philosopher au Brésil aujourd'hui"). A versão em português foi publicada pelos *Cadernos de Filosofia Alemã*, n. 19, jan.-jun. 2012.

29. Sobre o raciocínio que se segue, ver Marcos Nobre e Ricardo Terra, *Ensinar filosofia. Uma conversa sobre aprender a aprender*. Campinas: Papirus, 2007.

30. Um quarto elemento — que o livro de André Singer, publicado em 2012, não podia prever — é representado pelas Revoltas de Junho de 2013, que mudaram radicalmente o cenário político e que, a meu ver, encerram a fase "lulista" do social-desenvolvimentismo. Assinale-se aqui também que a tese muito difundida de um "conservadorismo popular" de caráter "persistente" acabou sendo utilizada como base para o prognóstico de que as Revoltas poderiam servir a forças do retrocesso.

31. Um objetivo ambicioso como esse exigiria neste ponto uma conexão tanto com os clássicos do pensamento brasileiro quanto com fecundas análises da realidade brasileira realizadas em anos recentes, propondo interpretá-las à luz de uma nova unidade de conjunto, sob o signo do jogo entre o social-desenvolvimentismo que se consolida e o "pemedebismo" que trava sua plena realização. Dada a magnitude da tarefa, o que se faz aqui é tão somente indicar os termos nos quais esse desafio poderia ser enfrentado.

Índice remissivo

abertura econômica, 37-8, 59, 65, 69, 70, 72-3, 90-1, 118
abertura política, 11, 51
Abreu, Kátia, 120
Abrucio, Fernando, 191*n*
ACM *ver* Magalhães, Antônio Carlos
"acordo da governabilidade", 12
adesismo, 41
África, 119, 122
Alagoas, 133
álcool, 33
Alemanha, 33, 80
Alencar, José, 100
Aliança Democrática, 47
Almeida, Mansueto de, 194*n*
Amapá, 98, 195*n*
América Latina, 33-4, 119, 122
anos 1980 *ver* década de 1980
anos 1990 *ver* década de 1990
Anthony Garotinho, 99
antipemedebismo, 12, 52, 139
Apagão (2001), 94, 166

Arena (Aliança Renovadora Nacional), 39, 46, 162-3
Argentina, 28, 65, 173, 190*n*
Arida, Persio, 64, 192*n*
armas de fogo, 109, 167
Arretche, Marta, 192*n*
Assembleia Nacional Constituinte, 11-2, 48-51, 55-6, 59, 149, 153, 164
avanços sociais, 18-9, 115, 146, 148, 173

Bacha, Edmar, 64, 192*n*
Bahia, 97
balança comercial, 73, 115
bancadas suprapartidárias, 14-5
Banco Central, 64, 66, 89-90, 106, 131, 136, 166
Banco do Brasil, 89
Banco do Estado do Pará, 97
bancos, 27, 66, 76, 80, 82, 117
Banespa, 80, 83
Barat, Josef, 190*n*

Barbalho, Jader, 97, 134
Barbosa, Leonardo Augusto de Andrade, 192n
Barões da federação: os governadores e a redemocratização brasileira, Os (Abrucio), 191n
Barros, Luiz Carlos Mendonça de, 74, 96
Bastos, Márcio Thomaz, 123
Bazar da dívida externa brasileira (Benakouche), 190n
Belchior, Miriam, 139
Benakouche, Rabah, 190n
bens primários, 31, 66, 94, 105, 120
bipartidarismo, 40
BNDES, 64, 76, 89, 119
Bolsa Família *ver* Programa Bolsa Família
"boom de commodities", 105, 116, 118-19
Bornhausen, Jorge, 112
Brady, Mathew, 121
Brady, Nicholas F., 51
Braga, Ruy, 193n
Bresser Pereira, Luiz Carlos, 38
Brizola, Leonel, 58

Caixa Econômica Federal, 89
Calheiros, Renan, 133-34
camada pré-sal, 116, 135, 167
Câmara de Comércio Exterior, 89
Câmara dos Deputados, 47-8, 61, 72, 84-5, 140, 163-64, 191-93n
Camata, Rita, 98
câmbio, 65, 70, 72-3, 88, 90, 94-5, 104, 120, 137
Campos, Eduardo, 129
Capiberibe, Camilo, 195n
capitalismo, 52, 54, 58, 69
Cardoso, Fernando Henrique, 9, 12, 20, 22-3, 51, 60-2, 64-71, 74-81, 83-4, 86-7, 89-100, 103-5, 107, 109, 111, 115-16, 118, 121, 128-29, 133, 140, 148, 165-66, 178, 180, 190n, 192n
carga tributária, 67, 93, 94, 97, 129
"Carta ao Povo Brasileiro" (PT), 182
Casa Civil, 16, 107, 113, 131, 138, 193n
Casagrande, Renato, 194n
Castelo de Areia (operação da Polícia Federal), 125
Castro, Antônio Barros de, 192n
Ceará, 98
Censo de 2010, 40
centrais sindicais, 132, 137
"Centrão", 11-2, 15, 50-2, 55, 60
Chávez, Hugo, 122
China, 118-19
"choque de capitalismo", 54, 58
Choque de democracia. Razões da revolta (Marcos Nobre), 7, 25, 190n, 194n
choque Volcker, 32
"choques do petróleo", 32
classe média, 139, 192n
classes populares, 184, 186
clientelismo, 30
CNA, 120
Código Florestal, 140
Colégio Eleitoral, 11, 41, 46-7
Comissão da Anistia, 190n
Comitê de Política Monetária, 90
Companhia Vale do Rio Doce, 80
competição internacional, 66, 71
"condomínio pemedebista", 15-6, 18, 62, 150
Congresso Nacional, 15, 41, 77, 87, 126, 152
Conselho Administrativo de Defesa Econômica, 89

Conselho Nacional de Justiça, 17, 123, 168
conservadorismo, 20, 146, 173, 176, 178-9, 184-89
Constituição Federal, 24, 50, 55-6, 61, 85, 125, 192n
Constituinte de 1987-1988: progressistas, conservadores, ordem econômica e regras do jogo, A (Pilatti), 191n
Constituinte *ver* Assembleia Nacional Constituinte
consumo, 33, 73, 76, 118, 130, 137, 145
Copa do Mundo, 117, 135-36, 143, 167
coronelismo, 30
Correios, 111
corrupção, 53, 111, 153
Costa, Tarcísio, 192n
Coutinho, Luciano, 119
Covas, Mário, 58, 83
cpi, 16, 53, 78-9, 165
cpmf, 62, 130
"Credit, Interest, and Jurisdictional Uncertainty: Conjectures on the Case of Brazil" (Arida, Bacha & Resende), 192n
crédito, 18, 74-5, 82, 105, 118, 120, 130, 132, 135, 137
crescimento econômico, 29, 36, 38, 40, 105, 118, 120, 130, 132-34, 145, 150
crise econômica, 21, 90, 94, 104, 116, 120, 127, 130-31, 137, 167
cultura política, 9, 10, 13-6, 19, 21-4, 30, 39, 41-2, 45, 49, 68, 104, 124, 144, 146-51, 153, 157, 174, 186-7
Cunha, Luiz Antônio, 174
currency board, 65, 67, 89
cut, 75

"De officiis" (Santos), 195n
"Debate constituinte: uma linguagem democrática?, O" (Costa), 192n
debate público, 18, 49, 54, 69, 100, 153, 156, 172, 174
década de 1980, 10-1, 13, 28, 30, 32, 36, 38-42, 45, 47, 49-50, 52, 56-7, 68, 83, 93, 134, 154, 173, 187, 192-3n
década de 1990, 13, 55-7, 65, 69, 71, 86, 88, 90, 96, 146
Delfim Netto, 34
dem, 11, 72, 114, 127
democracia, 7, 9-11, 21, 23-5, 30, 34, 36, 50-1, 100, 103, 124, 126, 129, 134, 142-3, 145, 147-52, 155-57, 173, 178-79, 182-83, 190n
Democracia, federalismo e centralização no Brasil (Arretche), 192n
"Depois da 'formação'. Cultura e política da nova modernização" (Marcos Nobre), 190n
desenvolvimento econômico, 23, 31, 80
desigualdades, 9-10, 19, 23-4, 31, 37, 41, 57, 69, 93, 100, 102, 114, 118, 126, 129, 131, 133-34, 148-49, 192n
deterioração fiscal, 33
18 Brumário de Luís Bonaparte, O (Marx), 179-80, 184
Dilma *ver* Rousseff, Dilma
Dirceu, José, 107-8, 111-13, 182
direita, 112, 123, 156, 182
distribuição de renda, 10, 31, 97, 132
ditadura militar, 10-1, 19-20, 28-30, 32, 37, 39, 40, 42, 45, 47, 49, 93, 146, 162, 180
dívida externa, 34-5, 38, 51, 92, 115, 164, 190n
dívida interna, 92, 115

dívida pública, 66, 68, 70, 73, 81, 89, 96, 115
"doença holandesa", 120
Dogmática da liberdade sindical: direito, política e globalização (Rodriguez), 193*n*
dólar, 32-4, 65-6, 70, 72-4, 88-9, 91, 96
DRU, 63

educação, 19, 36, 151, 173
eleições, 25, 45-9, 56, 58-9, 61, 72, 102, 106, 108, 112, 114, 125, 140, 151, 163-64, 191*n*, 194*n*
elite, 10, 30, 38, 46, 48, 51, 59-61, 68, 72, 75, 77, 88, 113, 131
empresariado, 75, 95, 119, 133
Ensinar filosofia. Uma conversa sobre aprender a aprender (Nobre & Terra), 195*n*
esfera pública, 22, 29
Espírito Santo, 194-95*n*
esquerda, 34, 57, 95, 101-4, 112, 114, 123, 133, 135, 150, 156, 172-73, 182, 187
estabilização, 27-8, 37, 67, 70-5, 77-9, 85-9, 93, 97, 99, 115, 126-7, 134, 143, 149, 154, 180
Estado de S. Paulo, O, 25
Estados Unidos, 32, 34, 51, 118-9
Ética na Política *ver* Movimento pela Ética na Política
Executivo *ver* Poder Executivo
exportação, 31, 33-4, 74, 94, 120

Farias, Paulo César, 53
Federal Reserve (EUA), 32-3
federalismo, 192*n*
FEF, 63
FHC *ver* Cardoso, Fernando Henrique
Ficha Limpa *ver* Lei da Ficha Limpa

Fiesp, 75
Figueiredo, João Baptista, 10
fisiologismo, 41
fluxo de capitais, 51, 91-2
FMI, 33, 36, 92, 94, 96, 115, 168
Folha de S. Paulo, 25, 111, 192*n*, 194*n*
"Força dos partidos 'fracos', A" (Guarnieri), 191*n*
forças políticas, 14-5, 40, 72, 79
Fórum Econômico de Davos, 95
Fórum Social Mundial, 95
Fraga, Armínio, 90
França, 179
Franco, Gustavo, 64, 75, 89
Franco, Itamar, 12, 20, 54, 57, 61-2, 80, 83, 99, 165
Fruet, Gustavo, 114
FSE, 62, 165
Funaro, Dilson, 38
funcionalismo público, 114
Fundef, 89
Fundo Partidário, 85, 165, 194*n*
Furtado, Celso, 175

gastos públicos, 36, 37, 152
Geisel, Ernesto, 109
Genoino, José, 112
Genro, Tarso, 112
globalização, 14, 66
golpe militar (1964), 31, 40, 45, 163
Gomes, Ciro, 99
governabilidade, 12, 14-5, 55, 57, 68, 72, 86, 103, 108, 150
governadores, 41, 45, 47-8, 63, 81, 83-4, 93, 127, 133, 162-68
governismo, 14, 16
governo FHC, 9, 61, 66, 68, 71, 75, 77-81, 83-4, 86, 96-7, 99, 103-4, 107, 109, 111, 116, 118, 133, 165-66, 190*n*

governo Lula, 9, 12, 68, 81, 84, 89, 94, 98, 100-3, 105-6, 108-11, 113-22, 127, 129-30, 132-37, 140-41, 167, 175, 178-80, 183-84
Grande Moderação (1985-2007), 90
Grande Recessão, 90
Guarnieri, Fernando, 191*n*
Guerra Fria, 32, 34
Guimarães, Ulysses, 46, 48, 52, 61, 164

Haddad, Fernando, 113-14, 151
"¿Hay gobierno? Soy a favor" (Thomaz, Mendonça & Paggi), 194*n*
hidrelétricas, 33
hierarquia partidária, 45
História constitucional brasileira: mudança constitucional, autoritarismo e democracia no Brasil pós-64 (Barbosa), 192*n*
Hoffmann, Gleisi, 138, 141
homossexuais, 16-7, 168
Horizonte da política: questões emergentes e agendas de pesquisa, O (org. Lavalle), 194*n*

ideologia, 11-2, 24, 55, 74, 86, 100, 104, 108, 145, 149
Igreja católica, 117, 167
"imobilismo em movimento", 23, 51, 142
impeachment, 11-2, 52-5, 57, 72, 78, 86, 104, 108, 165
importação, 33, 35, 65, 73-5
impostos, 67, 82, 94, 137
índios *ver* povos indígenas
indústria, 31-2, 35, 59, 66, 118, 120
inflação, 23, 27-8, 30, 34, 36-8, 47, 63-7, 69, 71, 76, 77, 81, 90-2, 95-7, 100, 104-5, 117, 120, 129, 131-32, 135-37, 145, 163-66

informática, 35
infraestrutura, 32, 117, 119, 135-36, 140
instituições sociais, 40
internet, 25, 112, 123, 168
IPMF, 62
Itamaraty, 88

Jefferson, Roberto, 111-12
Jereissati, Tasso, 98
Jogos Olímpicos, 117, 130, 135-36, 143, 167
Jornada Mundial da Juventude, 117
"Jovem guarda vem aí, A" (Marcos Nobre), 194*n*
"judicialização", 17, 123-24
"'Judicialização' da política: déficits explicativos e bloqueios normativistas" (Nobre & Rodriguez), 194*n*
Judiciário *ver* Poder Judiciário
Júlio, Geraldo, 114
juros, 32-3, 65, 70, 73, 75-6, 81-2, 90-2, 96-7, 105-6, 115, 117, 130-32, 136-37, 166, 168
Justiça de transição: contornos do conceito (Quinalha), 190*n*
Justiça Eleitoral, 85

kit anti-homofobia, 16-7

Labirintos. Dos generais à Nova República (Sallum Jr.), 191*n*
Lavalle, Adrian Gurza, 194*n*
Legislativo *ver* Poder Legislativo
Lehman Brothers, banco americano, 104, 130, 167
Lei da Ficha Limpa, 124, 153
Lei de Informática, 35
Lei de Responsabilidade Fiscal, 67, 92-4

liberalismo, 44, 51
Lincoln, Abraham, 121
lobbies, 87
Longo amanhecer, O (Furtado), 175
Lopes, Francisco, 90
"Lula assume a presidência" (Marcos Nobre), 193*n*
Lula *ver* Silva, Luiz Inácio Lula da
lulismo, 148, 172, 175-77, 179-84, 187-88

Magalhães, Antônio Carlos, 97-8, 114, 134
Magalhães, Luís Eduardo, 98
Malan, Pedro, 64, 90
Maluf, Paulo, 47, 163
Mantega, Guido, 119
Maranhão, 98, 195*n*
Martins, Franklin, 122
Marx, Karl, 178-80, 182-85
Mato Grosso, 195*n*
MDB (Movimento Democrático Brasileiro), 39, 42, 46, 162
medidas provisórias, 86-7
Meirelles, Henrique, 131-32
Mello, Fernando Collor de, 11-2, 20, 29, 52-5, 57-9, 61, 68, 72, 77-8, 80, 86, 104, 108, 164-65
Mello, Zélia Cardoso de, 53, 61
"Memórias póstumas de uma estratégia" (Castro), 192*n*
Mendonça, Duda, 121
Mendonça, Ricardo, 194*n*
Menem, Carlos, 65
"mensalão", 12, 15, 20, 102, 104, 108-11, 113-16, 119, 121, 127, 153, 167-68, 180
mercado financeiro, 69, 88, 107, 131, 133-36
mercado interno, 30-1, 118-19, 132

Mezarobba, Glenda, 190*n*
mídia, 12-3, 49, 78-9, 122-23
Milagre Econômico, 40
Minas Gerais, 46-7, 100, 127
mineração, 80, 119
modelo de sociedade, 10, 22-4, 30, 36-7, 50-1, 61, 100, 103, 118, 128, 142, 145-46, 148-50, 173-74, 183, 186-89
modernização, 9, 19, 24, 29-30, 32, 40, 173
moradia, 19, 37
moratórias, 33
Moreira, Marcílio Marques, 53
Motta, Sérgio, 79
Movimento pela Ética na Política, 53-5, 57, 102, 133, 152-54
MP dos Portos, 141
MST, 77-8

nacional-desenvolvimentismo, 27, 30-1, 34, 39, 50-1, 60, 69, 72, 77, 86, 117, 149, 173-4, 187-8
Napoleão, Luís, 185
Nazareth, Paulo Buarque de, 190*n*
neoliberalismo, 13-4, 66-7, 70-1, 74, 88-90, 96-7, 100-1, 106, 120, 137, 148
Neves, Tancredo, 11, 46-9, 163
new deal, 175
Nobre, Marcos, 190*n*, 193-5*n*
Nova classe média? O trabalho na base da pirâmide social brasileira (Pochmann), 192*n*
Novos Estudos, 25, 192*n*, 194*n*

Olimpíada *ver* Jogos Olímpicos
opinião pública, 12-3, 18, 78, 156
Orçamento da União, 76, 85, 138, 152

PAC, 117, 140
Pacote de Abril (1977), 41
padrão de vida, 30
Paggi, Mateus, 194n
Palocci Filho, Antonio, 16, 107-8, 119, 138, 140-1, 193n
Pará, 97
"Para além da inefetividade da lei: Estado de direito, esfera pública e antirracismo" (Werle et al.), 194n
Paraná, 138
parlamentarismo, 59-60, 84, 165
PCdoB, 106
PDS, 46, 162-3
PDT, 106, 114, 162, 195n
PEC, 125
PED, 151
pemedebismo, 9, 11-6, 18-24, 42-5, 49-50, 52-62, 68-9, 72, 74, 77, 80, 83-4, 86-8, 97, 99, 102-4, 107-10, 113-15, 117, 121, 124, 126, 128-29, 133-35, 138-40, 142, 145-57, 178, 180, 183, 188, 191n, 194-95n
Pernambuco, 129
Petrobras, 33, 76, 78, 122
petróleo, 32-3, 116, 122, 162, 167
PFL, 11, 47, 60-1, 72, 77, 80, 81, 97-9, 112, 127, 163
piauí (revista), 25, 175, 190n, 195n
PIB, 33, 40, 53, 66, 76, 92-3, 118, 129, 131-2, 162-4
Pilatti, Adriano, 191n
Pinto, Celso, 192n
PL, 100
Plano Brady, 51
Plano Bresser, 28, 164
Plano Collor, 53, 164
Plano Cruzado, 28, 37, 47, 63-5, 163-64
Plano Real, 20, 28, 56, 58-63, 66, 69-72, 76, 79-81, 86, 95, 97, 106, 127, 154, 166, 188
Plano Verão, 28
plebiscitos, 60-2, 109-10
pluripartidarismo, 42, 46, 162
PMDB, 11, 13, 21, 41-2, 45-9, 52, 55-8, 60-1, 81, 83-4, 97-9, 103, 106, 108-9, 113, 116, 119, 121, 133, 140-41, 150, 162-66, 191n
pobreza, 19, 77
Pochmann, Marcio, 192n
Poder Executivo, 17-8, 21, 86, 114, 126, 152, 166
Poder Judiciário, 17-8, 21, 44, 123-6
Poder Legislativo, 17-8, 21, 80, 86-7, 124-25
polarização, 69, 80, 101, 104, 155
Polícia Federal, 125
Política do precariado: do populismo à hegemonia lulista, A (Braga), 193n
"política dos governadores", 45
política econômica, 21, 33, 37, 63, 68, 70, 74, 82-4, 87, 93-5, 100, 104-6, 114, 120, 131-32, 135, 137
"Política por todos os lados, A" (Nobre & Rodriguez), 193n
politização, 54, 153
polo dos governadores (PMDB), 48, 81, 83
polo parlamentar (PMDB), 48-9, 81, 83-4, 99
população, 10, 30, 40, 86, 103, 115, 121, 173, 178, 186
populismo, 114
Portugal, 69
povos indígenas, 23
PP, 46-7
PPB, 46
PPR, 46
Prado Jr., Caio, 175

Preço do esquecimento: as reparações pagas às vítimas do regime militar, O (Mezarobba), 191*n*
prefeitos, 41, 127, 133, 163
presidencialismo, 16, 60-1, 165, 192*n*
Previdência Social, 92, 106, 120, 132, 166
Primeira República, 48
privatizações, 67, 74, 76, 79-80, 88, 93, 95
produtividade, 66, 71
Proer, 76
Programa Bolsa Família, 18, 114, 121, 151
Programa Brasil sem Miséria, 138
Programa Luz para Todos, 121
Programa Minha Casa Melhor, 122
Programa Nacional do Álcool (Pró-Álcool), 33
PSB, 106, 114, 129, 194-95*n*
PSD, 125, 191*n*
PSDB, 21, 58-61, 68, 83, 98, 104, 109, 116, 127, 133, 164-68
PSOL, 101, 194*n*
PT, 11-2, 16, 21, 34, 52, 55-7, 60, 68, 78-80, 95, 99-104, 106-14, 119, 121, 128-9, 133, 138, 150, 162, 164, 167-68, 176, 181-83, 195*n*
PTB, 111, 162
PV, 167

"Qual a importância do orçamento?" (Almeida), 194*n*
Quércia, Orestes, 48
Quinalha, Renan Honório, 190*n*

rádio, 112, 122
"realinhamento eleitoral", 177, 180-81, 183-85, 193*n*
Receita Federal, 17
recessão, 33-6, 192*n*
recursos naturais, 10, 22, 24, 31, 120
redemocratização, 9-11, 13, 18, 23, 28, 32, 36-9, 41-2, 54, 57, 134, 142, 180, 186, 188
referendos, 109-11, 167
reforma agrária, 36, 75, 186
republicanismo, 55, 153
Resende, André Lara, 64, 192*n*
Responsabilidade Fiscal *ver* Lei de Responsabilidade Fiscal
Revoltas de Junho (2013), 7, 21, 24, 134, 141-42, 144-45, 147-48, 151, 168, 195*n*
Revolução brasileira, A (Prado Jr.), 175
Revolução Francesa, 184, 186
Ricupero, Rubens, 99
Rio de Janeiro, 99, 117
Rio+20 (conferência), 140
riqueza, 22, 29, 77, 148
Rodriguez, José Rodrigo, 193*n*
Rousseff, Dilma, 10, 13, 16, 20, 22, 73, 81, 84, 98, 101, 104, 113, 117, 119, 121-22, 129-41, 168, 193*n*
Rue Descartes, 195*n*

salário mínimo, 18, 105, 114, 118, 132, 137, 180
Sallum Jr., Brasilio, 191*n*
Salvatti, Ideli, 139, 141
Sanches, Sidney, 53
Santa Catarina, 112, 139
Santa Sé, 117, 167
Santana, João, 121-22, 152
Santos, Wanderley Guilherme dos, 195*n*
São Paulo, 16, 47-8, 127, 138, 151
Sarney, José, 11, 20, 28, 47-9, 55, 59, 98, 133-34, 163
Sarney, Roseana, 98-9

saúde, 19, 37, 151
Senado, 41, 47, 52, 58, 72, 77, 85-6, 97-8, 109, 130, 133, 164
Sentidos do lulismo (Singer), 193*n*
Sergipe, 47, 164
Serra, José, 74, 89, 98, 166, 168
Silva, Aníbal Cavaco, 69
Silva, Luiz Inácio Lula da, 9, 12-3, 15, 18, 20-3, 50, 57-61, 68, 73, 79, 81, 84, 89, 92, 94-5, 97-123, 126-41, 148-52, 164, 166-67, 175, 178-81, 183-85, 188, 192-93*n*
Silva, Marina, 129, 167
Singer, André, 172-89, 193*n*, 195*n*
Singer, Paul, 178
sistema econômico, 22, 67
sistema político, 8-13, 15-24, 27, 38-40, 43-4, 50-1, 54-5, 57-8, 62, 65, 67-8, 72, 77-8, 80, 86, 96, 101-6, 110-1, 114, 118, 124-25, 138-39, 141-50, 153-54, 156-57, 176,-79, 181, 183, 185-88
Soares, Delúbio, 112
social-desenvolvimentismo, 23-4, 50, 100-1, 103, 128, 134, 145-51, 154-57, 175, 195*n*
socialismo, 34
Sousa, Paulo Renato, 89
STF, 17, 43-4, 53, 78, 86, 112, 116, 123-24, 126, 155, 167, 191*n*, 194*n*
STJ, 125
subproletariado, 175, 178-79, 181-82, 184-86
substituição de importações, 31, 35, 88

Superintendência de Desenvolvimento da Amazônia, 97
SUS, 56

Telebras, 79
telecomunicações, 79
televisão, 44, 112, 123, 125, 130, 191*n*, 194*n*
Temer, Michel, 84
Terra, Ricardo, 195*n*
Tesouro Nacional, 89
Thatcher, Margaret, 14
Thomaz, Danilo, 194*n*
Tombini, Alexandre, 131-32
"Transporte e energia no Brasil: as repercussões da crise do petróleo" (Barat & Nazareth), 190*n*
transporte público, 37, 142, 144-45
Trópico, 25, 193*n*
TSE, 44, 125, 167

urbanização, 40, 143
URV, 63, 165
usina nuclear, 33

Valor Econômico, 25, 151, 193-94*n*
Vargas, Getúlio, 122
Venezuela, 122
vetos, 14-9, 42-6, 48-9, 93, 105, 110, 118, 124, 139, 156

Weber, Max, 178
Werle, Denílson, 194*n*

ESTA OBRA FOI COMPOSTA POR OSMANE GARCIA FILHO EM MINION
E IMPRESSA PELA GEOGRÁFICA EM OFSETE SOBRE PAPEL PÓLEN SOFT DA
SUZANO PAPEL E CELULOSE PARA A EDITORA SCHWARCZ EM SETEMBRO DE 2013